LA FEMME A PAPA

VAUDEVILLE EN TROIS ACTES

PAR

Alfred HENNEQUIN et Albert MILLAUD

AF453994

PARIS

A. ALLOUARD, ÉDITEUR

EN VENTE

CHEZ CH. GAULON, LIBRAIRE-COMMISSIONNAIRE

37, RUE SERPENTE, 37

1885

Tous droits réservés.

Yth
21892

LA FEMME A PAPA

VAUDEVILLE EN TROIS ACTES

Représenté pour la première fois, à Paris, sur le Théâtre des
Variétés, le 3 décembre 1879.

LA FEMME A PAPA

VAUDEVILLE EN TROIS ACTES

PAR

ALFRED HENNEQUIN & ALBERT MILLAUD

Airs nouveaux de M. HERVÉ

PARIS

A. ALLOUARD, ÉDITEUR

EN VENTE

CHEZ CH. GAULON, LIBRAIRE-COMMISSIONNAIRE

37, RUE SERPENTE, 37

1885

Tous droits réservés.

DÉPÔT LÉGAL
Seine & Oise
N° 731
1885

PERSONNAGES

~~~~~~~~

FLORESTAN DE LA BOUCANIÈRE, ⎱ .... MM. DUPUIS.
ARISTIDE, son fils.   ⎰
BODIN-BRIDET............................ BARON.
LE PRINCE DE CHYPRE...................... E. DIDIER.
TOB..................................... GERMAIN.
UN SOMMELIER .... HAMBURGER.
PACCAUD................................. ANGELY.
UN HOMME DE PEINE....................... MILLAUX.
UN GAMIN................................ LE PETIT CHARLES.
GARÇON D'AUBERGE........................ STEURS.
ANNA.................................... Mmes JUDIC.
CORALIE................................. LERICHE.
CORA .... H. BARETTI.
LUCIENNE................................ BESNIER.
GABRIELLE............................... VÉRAN.
LEONA................................... MARGUERITE.
UNE SERVANTE............................ MARIA.
JACQUINETTE............................. HUNOLD.
MARIOTTE................................ DE VOLDER.
TOINON .... LOVE.

Aux environs de Compiègne de nos jours.
~~~~~~~~

LA FEMME A PAPA

ACTE PREMIER

La cour d'une ferme modèle. — Plantes grimpantes aux murs. — Grille d'entrée au fond. — A droite, chalet élegant. — La porte et l'une des fenétres sont praticables. — A gauche, entrée de la ferme. — Au premier plan à gauche, grillage de poulailler avec porte. — Bancs, chaises, tables.

SCÈNE PREMIÈRE

JACQUINETTE, MARIOTTE, Paysans, Paysannes, puis PACCAUD, puis Le Prince. Au lever du rideau, chacun travaille. Ceux-ci époussettent les meubles, celles-là mettent du linge à sécher sur les cordes tendues au fond. La fenétre praticable du chalet est ouverte et on voit une paysanne secouer un tapis.

PETIT CHŒUR

Ça que rien ne nous interrompe !
Lavons, nettoyons, arrangeons,
Pour recevoir en grande pompe
Les hôtes que nous attendons !

JACQUINETTE.

Eh bien !... en voilà des préparatifs !

MARIOTTE.

Qui donc qu'on peut bien attendre chez notre maître le savant M. Bodin-Bridet ?

TOINON.

Pour sûr, c'est des gens de conséquence.

JACQUINETTE.

Pour qu'on leur z'y prépare aussi les plus belles chambres de la ferme.

MARIOTTE.

Et qu'on mette, comme on dit, les petits pots dans les grands.

TOINON et MARIOTTE.

Ah !... v'la Paccaud !

PACCAUD, paraissant à la porte du chalet et parlant à la cantonnade.

C'est entendu, not' maître... J' vas mett' refroidir c' te p'tite fiole là. Quant au valet de chambre de M. de la Boucanière, dès qu'il arrivera je vous préviendrai... c'est entendu ! (Il entre en scène, et sent le petit flacon qu'il a en main.) Dieu qu'all sent mauvais !

TOUTES, s'approchent.

Qué qu' c'est ça ?...

PACCAUD.

Un remède pour Adolphe.

TOUTES.

Adolphe !

PACCAUD.

Eh ! ben, oui... Adolphe... le cochon modèle que not' maître a fait venir d'Amérique et qui depuis hier, est en train d' dépérir.

MARIOTTE et JACQUINETTE.

Vraiment !

PACCAUD.

Heureusement que M. Bodin-Bridet, qui s'entend dans les bêtes comme pas un, est occupé à lui composer une potion qui va l' remettre sur ses quatre pieds ! brr... tenez, mettez ça au frais. (Jacquinette met la fiole sur le rebord d'une des marches dans un coin.)

TOINON, qui est remontée.

Tiens ! un chasseur !...

LE PRINCE, paraissant à la grille. Il est en costume de chasse comique, suivi d'un chien qui ne quitte pas sa poche.

Dites donc, monsieur le paysan, est-ce qu'il y aurait moyen d'acheter du gibier ?

PACCAUD.

Acheter du gibier ?

LE PRINCE.

Quant au prix, vous savez je n'y regarde pas !... Je suis le prince de Chypre !

TOUS.

Le prince ?

LE PRINCE.

Le prince de Chypre ! Vous connaissez bien le prince de Chypre ! je suppose. Le fils de la reine de Chypre !

PACCAUD.

Oh ! alors, j'aurai p'têt un canard pour vous... un canard modèle.

LE PRINCE.

Modèle ou non, pourvu qu'il ait l'air un peu sauvage...

PACCAUD.

Mais faudra pas que not' maître le sache.

LE PRINCE.

Ce n'est pas moi qui lui dirai.

PACCAUD.

Donnez-moi votr' carnier...

LE PRINCE.

Pourquoi faire ?

PACCAUD.

Pour y mettre le canard.

LE PRINCE.

Voilà, mon ami.

PACCAUD.

Tiens ! il y a quelque chose dedans, une fiole.

LE PRINCE.

Mon flacon d'oppoponax, il ne faut pas mettre ça avec le gibier... donne...

PACCAUD.

Eh ben c'est dit, je vous attendons sur la route.

LE PRINCE.

Sur la route ?

PACCAUD.

J' peux pas vous le remettre ici, mais quand vous m'entendrez faire le coq.

LE PRINCE.

Faire le coq !...

PACCAUD.

C'est que ce sera prêt... voyez-vous, faut être fûté, à cause du maître.

SCÈNE II

LES MÊMES, TOB.

TOB, entrant.

La ferme des Ormeaux, c'est ici ?

LE PRINCE, étonné

Tiens ! c'est Tob ! Le valet de chambre du baron de la Boucanière.

TOB.

Le prince de Chypre. (Saluant.) Monseigneur.

PACCAUD, à Tob.

Alors comme ça, c'est vous qui êtes le valet de chambre qu'on attend?

TOB.

Dam ! il paraît, puisque j'ai reçu une dépêche de M. Aristide m'invitant à me rendre ici.

PACCAUD.

Allez prévenir not' maître, vous autres. (Les femmes saluant.) Monseigneur. (Elles sortent.)

LE PRINCE.

Au revoir... Au revoir... Elles sont catapultueuses.

PACCAUD, bas aux autres, sortant.

Pour un chasseur, c'est un drôle de chasseur... (Il sort.)

SCÈNE III

LE PRINCE, TOB.

LE PRINCE.

Eh bien ! En voilà un hasard !... Se retrouver ainsi dans une ferme à vingt lieues de Paris.

TOB.

C'est vrai ! Je ne m'attendais pas à l'honneur... Monseigneur chasse donc par ici ?...

LE PRINCE.

Mais oui, mais oui !... j'ai loué une partie de la forêt... Je suis logé à l'hôtel du Lion-d'Or... tu sais bien ce vieux château qui est près de la gare et que l'on a transformé en hôtel ?

TOB.

J'ai remarqué, en effet, mais monseigneur doit bien s'ennuyer.

LE PRINCE.

Ah ! je suis rarement seul, ainsi en ce moment, tiens... nous avons à Compiègne une troupe parisienne, dont tout le corps de ballet est descendu à mon hôtel, et ça me fait un divertissement.

TOB.

Un divertissement !

LE PRINCE.

Bravo ! Ah ! ça... Et ton maître ? parlons-en un peu de ton maître, voilà longtemps qu'on ne l'a vu, ce cher Florestan ! Où est-il ? que devient-il ?

TOB.

Ma foi, monseigneur, je l'ignore !

LE PRINCE.

Comment cela ?

TOB.

Monsieur le baron a disparu depuis trois semaines...

LE PRINCE.

Disparu ?...

TOB.

Son fils est venu l'enlever.

LE PRINCE.

M. Aristide.

TOB.

Eh bien ! oui, le savant.

LE PRINCE.

Oh ! je le connais, c'est lui qui tient les cordons de la bourse.

TOB.

Dam, puisque M. le baron a mangé sa fortune, il est tout naturel que M. Aristide qui a hérité de sa mère...

LE PRINCE.

Et il y a trois semaines, dis-tu ?

TOB.

Oui, monseigneur... c'était le lendemain de notre retour de Luchon où nous étions allés passer un mois avec une nommée Coralie, la dernière à monsieur.

LE PRINCE, cherchant.

Coralie ! Une blonde ?

TOB.

Une brune charmante, au contraire...

LE PRINCE.

Connais pas !

TOB.

Oh ! monsieur se serait gardé de la présenter à monseigneur.

LE PRINCE.

Oui, je comprends... Il a eu peur que je ne prenne ma revanche ! Mais il ne perd rien pour attendre.

TOB.

Je m'en rapporte au prince.

LE PRINCE.

Et depuis son enlèvement, pas de nouvelles!

TOB.

Pas, jusqu'hier, où j'ai reçu cette dépêche du fils m'ordonnant de me rendre dans cette ferme.

LE PRINCE.

Et elle venait cette dépêche ?

TOB.

De Poperinghe.

LE PRINCE, cherchant.

Poperinghe ! Enfin tout cela est bien intrigatoire, comme on dit... au fait chez qui sommes-nous donc ici ?

TOB.

Chez le professeur et collègue de M. Aristide, le savant M. Bodin-Bridet... Doyen de la faculté du Jardin des plantes.

LE PRINCE.

Savant, en quoi ?

TOB.

Ma foi, je crois qu'il fait comme le fils, dans les petites bêtes. Des inutiles quoi ! (Voyant Bodin-Bridet au pavillon.) Le voici !...

SCÈNE IV

Les Mêmes, BODIN-BRIDET, PACCAUD.

LE PRINCE, à part.

Une bonne tête, le doyen.

BODIN, tient à la main un pot de terre dont il remue le contenu avec une cuillère en bois, allant au prince.

Je vous demande pardon, je préparais cette mixture...

LE PRINCE et TOB, surpris.

Mixture !

BODIN, au prince.

C'est bien vous qui êtes le valet de chambre de M. de la Boucanière.

LE PRINCE.

Moi !

TOB, vivement.

Mais non, mais non ! (A part.) Ah ! elle est bien bonne celle-là ! (Haut.) C'est moi qui suis le valet de chambre. (Désignant le prince.) Monsieur est...

LE PRINCE, se redressant.

Le prince de Chypre...

BODIN.

Oh ! pardon, monsieur...

TOB, l'interrompant avec intention.

Monseigneur est un ami de M. le baron et de M. Aristide.

BODIN.

Monseigneur... Monseigneur... enchanté... veuillez m'excuser... un assez fort rhume de cerveau... et la maladie d'Adolphe...

LE PRINCE.

Il n'y a pas de mal ! (A part.) C'est un crétin.

BODIN, à Tob.

Mon ami, faites-vous conduire à l'appartement de M. le baron et préparez tout pour son arrivée.

TOB.

Monsieur va venir ?

BODIN.

Nous l'attendons d'un instant à l'autre.

TOB.

Ah ! bah ! qu'est-ce que tout cela veut dire ?

LE PRINCE, à Tob.

Tob ! n'oublie pas de dire à ton maître que je suis ici, et que je compte sur sa visite.

TOB.

Je n'y manquerai pas, monseigneur. (Il salue et entre dans le pavillon. On entend un chant de coq.)

LE PRINCE, saisi.

Ah ! le coq !... c'est mon canard. (A Bodin.) Monsieur, enchanté de... je vous demande pardon, je...

BODIN.

Faites donc !...

LE PRINCE.

Ne faites pas attention, le coq c'est mon canard... je reviendrai... je reviendrai. (Il sort.)

BODIN, à lui-même.

Comment ! le coq c'est mon canard qu'est-ce qu'il lui prend ? Il est fort aimable. (Appelant.) Paccaud où diable a-t-il fourré le flacon d'Adolphe ? (Avisant l'oppoponax.) Ah ! le voilà ! (Il verse le flacon dans le pot.) Si avec ce mélange-là, il n'en revient pas ?...

PACCAUD, à la porte du pavillon.

Monsieur m'a appelé ?

BODIN.

Va administrer ceci à Adolphe.

PACCAUD, prenant le pot.

Bien, monsieur...

BODIN.

Et ne le quitte pas avant qu'il se soit endormi.

PACCAUD, inquiet.

Ce sera long ?

BODIN.

Je ne pense pas ! mais si le sommeil se faisait attendre, chante-lui quelque chose de gai.

PACCAUD.

Bien, monsieur. (Il remonte.) Ah ! v'là M. Aristide...

BODIN.

Est-il seul ?

PACCAUD.

Oui, monsieur...

BODIN.

Laisse-nous, et fais ce que je te dis !... (Paccaud sort par la gauche.)

SCÈNE V

BODIN, ARISTIDE.

BODIN. à Aristide qui paraît à la grille.

Eh bien ?

ARISTIDE, entrant, habit noir démodé, cravate blanche, lunettes.

C'est fait !

BODIN.

Ah !

ARISTIDE.

Papa est marié et bien marié, je vous le garantis.

BODIN, lui serrant la main.

Tous mes compliments !...

ARISTIDE.

Je les accepte !

BODIN.

Pas d'accidents ?

ARISTIDE.

Aucun !... Papa a eu une tenue convenable. Il a signé à
l'acte de mariage d'une main ferme... quoiqu'un peu trem-
blante... mais enfin, il a signé...

BODIN.

C'est l'essentiel...

ARISTIDE.

La jeune femme a signé d'une main émue... et dam' ça se
conçoit. La pauvre enfant sort du couvent des Beguines de
Bruges... Moi aussi.

BODIN.

Vous sortez du couvent ?

ARISTIDE.

Non !... je dis moi aussi j'ai signé, nous avons tous signé...
c'est l'usage en Belgique, paraît-il. quoiqu'il en soit, j'ai quitté
Poperinghe dès la fin de la cérémonie... précédant d'un train
les nouveaux époux qui seront ici dans une heure, tant j'avais
hâté de vous annoncer l'heureuse nouvelle, et de vous faire
partager ma joie...

BODIN.

Je la partage, mon ami, et je vous remercie de votre empressement...

ARISTIDE.

Vous permettez maintenant que je m'asseye et que je souffle
un peu ?

BODIN.

Soufflez, mon ami, soufflez... c'est un droit qu'ont les pou-
mons lorsque l'on a couru...

ARISTIDE, qui s'est assis,

Ainsi donc, me voilà au bout de mes ennuis! Je n'ose y croire
vraiment! Et dire qu'il y a des fils qui se plaignent de n'avoir
jamais eu de père!...

BODIN.

Prenez garde, Aristide, vous êtes sur le grand terrain de la famille...

ARISTIDE.

Ah! c'est que jusqu'à présent, je n'avais récolté que des ronces, moi, sur ce grand terrain-là...

BODIN.

C'est vrai!

ARISTIDE.

Ah! si je ne vous avais pas eu vous et la science, la science et vous! pour me consoler et me soutenir, mais inutile de ré-criminer... le passé est le passé et quoiqu'on fasse, l'avenir sera toujours l'avenir.

BODIN.

C'est probable...

ARISTIDE, solennel.

Cher (il se lève) et illustre maître, lorsqu'il y a un mois j'eus l'honneur de vous demander la main d'une de vos demoiselles n'importe laquelle... car ce que j'ambitionnais c'était bien plus de devenir votre gendre que d'épouser une de vos filles.

BODIN.

Je le sais...

ARISTIDE.

Si même il y avait eu moyen de devenir votre gendre sans vous priver d'une de vos demoiselles...

BODIN.

N'insistez pas, mon ami! Il y a dans la vie de ces impra-ticab...

ARISTIDE.

Dites-le en deux fois.

BODIN.

Ccabalités.

ARISTIDE.

Oui, je le sais... (Reprenant.) Vous me répondîtes.

COUPLETS

Oui, touchez là, mon cher élève,
C'est vous le gendre que je rêve,
Votre honneur fut toujours intact.

BODIN.

Parfaitement exact! Parfaitement exact!

II

BODIN.

Mais j'ajoutai : De votre père
La conduite est par trop légère
Et je crains pour vous son contact.

ARISTIDE.

Parfaitement exact! Parfaitement exact!

III

ARISTIDE.

J'eus une idée alors très claire,
« Si je remariais mon père »,
Vous répondis-je non sans tact.

BODIN.

Parfaitement exact! Parfaitement exact!

IV

BODIN.

Je répliquai le jour où sage
Votre père prendra ménage,
Nous signerons votre contrat.

ARISTIDE.

Parfaitement exact! Parfaitement exact!

ARISTIDE, parlé.

Et vous aviez raison, j'ai parfaitement compris que la fille de Bodin-Bridet, fondateur d'un prix de vertu, la fille du sage qui n'avait jamais failli...

BODIN, à part.

S'il se doutait qu'une fois... une seule, il est vrai, mais il ne s'en doute pas.

ARISTIDE.

J'ai compris, dis-je, que la fille d'un pareil anachorète...

BODIN.

Oh !

ARISTIDE.

Ne pouvait porter un nom que le chef de la famille compro-mettait avec des créatures et que dernièrement encore, il laissait porter à Luchon à une femme, à une concubine.

BODIN.

Aristide.

ARISTIDE.

Bref, cher et illustre maître, j'ai décidé papa, en le mena-çant de lui couper les vivres... j'ai trouvé la victime... pardon, je veux dire la jeune fille qui a consenti à devenir sa femme, et le mariage a été célébré ce matin. Par surcroît de précaution, je mets papa au vert dans cette ferme, où il passera sa lune de miel loin des tentations malsaines de la grande ville, j'ai donc tout fait pour apaiser vos trop légitimes appréhensions, à quand mon contrat ?

BODIN.

Cher et déjà illustre disciple... vous avez tenu vos engage-ments... je tiendrai les miens. Donnant, donnant, je n'ai qu'une parole, je ne la retire que quand je ne peux pas faire autrement... votre contrat se signera ce soir.

ARISTIDE.

Cher beau-père!...

BODIN.

Mon gendre...

ARISTIDE.

Ah ! ce mot me paie de tous mes chagrins. (Ils s'embrassent.)

BODIN.

Là, maintenant je vais télégraphier à la famille et au ministre.

ARISTIDE.

Le ministre! Le ministre !

BODIN.

Qui m'a promis de venir signer à votre contrat.

ARISTIDE.

Un pareil honneur !

BODIN.

Et ce soir même, ici à neuf heures ! Ah ! il faut que j'écrive aussi au notaire... vos papiers...

ARISTIDE.

Papa les a fait venir d'Orléans, notre ville natale, en même temps que les siens... Il doit les avoir dans sa poche ; je vous les remettrai tout à l'heure... (Regardant sa montre.) Oh! mais je n'ai que le temps de courir à la gare. (Il va prendre son chapeau.)

BODIN.

Prenez par le chemin de traverse à droite.

ARISTIDE.

Bien, bien... je trouverai! A tout à l'heure, beau-père...

BODIN.

A tout à l'heure, mon gendre...

ARISTIDE, à lui-même.

Son gendre ! ah ! quelle joie est la mienne. (Il sort vivement par le fond.)

SCÈNE VI

BODIN, puis PACCAUD.

BODIN.

Excellente nature; je crois que nous serons bienheureux tous les trois en ménage ! Tiens ! mais au fait, il ne m'a pas encore dit laquelle de mes filles il épouse... ma foi, le notaire laissera le nom en blanc... (Il va pour rentrer dans le pavillon.)

PACCAUD, à la porte de la ferme.

Monsieur ! monsieur !

BODIN.

Quoi ?

PACCAUD.

Adolphe...

BODIN.

Eh bien ?

PACCAUD.

Plus y va, moins y va.

BODIN.

Il ne dort donc pas ?

PACCAUD.

Ah ! bien oui... il gémit.

BODIN.

Tu lui as peut-être chanté quelque chose de triste !... Attends... je vais voir... Pauvre Adolphe !... (Ils entrent dans la ferme.)

SCÈNE VII

TOB, puis CORALIE.

TOB, sortant du pavillon.

Trop de fleurs, trop de plantes, trop de bêtes, s'ils se figurent garder monsieur plus de vingt-quatre heures !

CORALIE, à la grille.

La ferme des Ormeaux ! ce doit être ici... (Elle entre.)

TOB, se retournant à part.

Mademoiselle Coralie, la maîtresse de monsieur... sa dernière...

CORALIE.

Ah ! c'est toi ! Tob !...

TOB.

Comment ! mademoiselle, vous êtes venue...

CORALIE.

J'arrive. Où est ton maître ?

TOB.

J'en étais sûr, j'ai eu tort de vous montrer la dépêche que j'avais reçue, mais vous m'avez bien promis...

CORALIE.

Je n'ai pas tenu, voilà tout ! Je voulais savoir ce qui se passe... Ah ! ça, mais réponds-moi donc... Le baron ?... où est-il ? que dit-il ? que fait-il ? que devient-il ?

TOB, ahuri.

Ma foi, je l'ignore, je n'ai pas vu monsieur le baron !...

CORALIE.

Tu mens !

TOB, froissé.

Ah ! vous savez... je n'aime pas ça, moi, les démentis ! Je déguise quelquefois la vérité, mais je ne mens jamais !

CORALIE, doucement.

Eh bien ! Je te demande pardon... là... mais réponds-moi !... Voyons, mon petit Tob, tu n'as pas vu le baron, dis-tu ?

TOB, froid.

Non, madame.

CORALIE.

Il n'est pas ici ?

TOB, même jeu.

Non, madame...

CORALIE, le câlinant.

Mais il va venir? N'est-ce pas, qu'il va venir, mon bon petit Tob...

TOB, faiblissant.

Eh bien ! oui, là... il va venir...

CORALIE.

Ah ! il va venir ! (Elle s'assied.)

TOB.

Qu'est-ce que vous faites ?

CORALIE.

Je m'assieds !...

TOB.

Oui, je vois bien que vous vous asseyez, mais vous ne comptez pas sans doute...

CORALIE, se levant.

Ah ! il s'est figuré qu'il allait me lâcher comme ça, ton maître !... Il m'a prise pour une autre, mon bon !... C'est moi qui lâche... mais on ne me lâche pas !... tu entends ?...

TOB, qui dès que Coralie s'est levée a pris sa chaise.

Parfaitement !... (A part.) Ah ! bien, il s'est mis là un joli crampon sur le dos !...

CORALIE.

A quelle heure arrivera-t-il ?

TOB.

Mon Dieu... j'ai entendu parler de minuit, une heure du matin.

CORALIE, après l'avoir regardé.

Ah ! heureusement que je ne suis pas pressée. (Elle va se rasseoir sur une autre chaise.)

TOB, à part.

Trop tard ! (Haut.) Vous vous rasseyez ?

CORALIE.

Tu ne t'imagines pas sans doute que je vais attendre ton maître debout ?

TOB.

Attendre mon maître!... Ah! mais non, ça ne se peut pas. .

CORALIE.

Pourquoi donc?...

TOB.

Monsieur est ici en famille.

CORALIE.

C'est ça qui m'est égal!...

TOB.

Son fils... son terrible fils est là...

CORALIE.

Je m'en moque pas mal, de son fils.

TOB.

Sans compter M. Bodin-Bridet.

CORALIE.

M: Bodin-Bridet, dis-tu ?

TOB, étonné. tenant toujours la chaise.

Eh bien, oui! le propriétaire de cet immeuble.

CORALIE.

Nous sommes ici chez M. Bodin-Bridet, chez le savant M. Bodin-Bridet ? (Elle se lève.)

TOB, fort étonné.

Oui... Est-ce que vous le connaissez?

CORALIE.

Moi?... pas du tout!... pas du tout! (A part.) Sapristi!.. (Haut.) Est-il chez lui, M. Bodin-Bridet ?

TOB.

Mais certainement!... (Voix de Bodin-Bridet.) Même le voilà qui se dirige de ce côté, tenez...

CORALIE, très troublée, à part.

Grand Dieu!...

TOB, à part.

Qu'est-ce qu'elle a donc?

CORALIE, très vite.

Au fait... tu avais raison, Tob... il ne serait pas convenable que j'attendisse ici ton maître... (A part.) Bodin-Bridet ! Ah ! bien en voilà une malechance ! (Elle sort vivement par le fond.

TOB, fort étonné, la regardant partir et replaçant les chaises.

Ah ça ! que veut dire ?...

SCÈNE VIII

TOB, BODIN.

BODIN, sortant de la ferme.

J'entends le bruit d'une voiture... ce sont nos voyageurs, sans doute !... (A Tob.) Tout est préparé pour recevoir votre maître et la jeune baronne.

TOB.

La jeune baronne ? Monsieur arrive ici avec une nouvelle baronne ?

BODIN.

Hein !...

TOB.

Après ça... une de plus dans le nombre !...

BODIN, sévèrement.

Monsieur Tob, vous oubliez qu'il ne peut être question ici que de la baronne sérieuse, de la baronne légitime...

TOB.

Plaît-il ?

BODIN.

De celle en un mot que M. de la Boucanière a épousée ce matin.

TOB, renversé.

Monsieur est marié ?...

BODIN.

Vous ne le saviez pas ?

TOB.

On ne m'a pas fait part...

BODIN.

Vous m'étonnez. (Il remonte.)

TOB, à part.

Remarié !... Ah ! les gredins !... voilà donc le tour qu'ils m'ont joué ! un si beau veuf !...

SCÈNE IX

LES MÊMES, FLORESTAN, ANNA, JACQUINETTE, MA-RIOTTE, TOINON, PAYSANS, PAYSANNES.

(Jacquinette, Mariette, des paysans, des paysannes entrent en scène ; les paysans ont à la main des cartons, des petites malles et valises.)

PETIT CHŒUR

> La journée est heureuse et gaie,
> Avec nos chants, avec ces fleurs.
> Joyeusement faisons la haie
> Pour recevoir les voyageurs.

(Florestan en costume de voyage fort élégant, cheveux et longs favoris poivre et sel apparaît au fond en donnant le bras à la baronne. La baronne a un costume de pensionnaire un peu court et un peu étroit ; chapeau de paille rond avec fleurs des champs, mitaines longues, tresses lui tombant sur le dos, etc...)

FLORESTAN.

Bonjour, mes amis, bonjour. (Ils entrent.) Tous les paysans et paysannes sortent.)

TOB, à part.

Comment ! c'est la légitime de monsieur !

FLORESTAN, apercevant Tob, à lui-même, honteux.

Sapristi !... Tob !...

BODIN, à lui-même.

Elle est charmante ! (Allant à eux et haut.) Monsieur le baron, madame, soyez les bienvenus !...

FLORESTAN.

Trop aimable !... Ma chère amie , permettez-moi de vous présenter M. Bodin-Bridet... Madame de la Boucanière.

ANNA, à Florestan.

Le futur beau-père de mon fils ?...

FLORESTAN.

Précisément.

ANNA.

Ah ! monsieur, j'ai beaucoup entendu parler de vos mérites par papa...

FLORESTAN, à part.

Papa !...

TOB, à part, pouffant.

Papa !...

BODIN.

Monsieur votre père est trop indulgent. (Allant pour l'ombrasser.) Vous permettez !...

ANNA.

Demandez à mon mari...

FLORESTAN, bas à Anna.

A monsieur de la Boucanière.

ANNA, bas.

Plait-il!

FLORESTAN.

Dans notre monde, on ne dit jamais mon mari.

ANNA.

Excusez-moi, je l'ignorais.

BODIN, à Florestan.

Vous permettez- monsieur le baron ?

FLORESTAN.

Comment donc !...

ANNA.

Alors, je veux bien ! (Elle lui tend la joue, Bodin l'embrasse.)

TOB, à part.

Mais où diable a-t-il déniché cet oiseau-là ?...

ANNA, avec un cri.

Ah ! mon Dieu ! (Elle regarde autour d'elle.)

BODIN.

Quoi !

FLORESTAN.

Vous avez perdu quelque chose ?...

ANNA.

Mes petites perruches...

FLORESTAN.

Hum ! hum !

TOB, à part.

Comment, des perruches ?...

BODIN.

Des perruches ?...

FLORESTAN, vivement.

Oui... c'est la grande mode cette année... dans les salons du faubourg Saint-Germain de Poperinghe...

ANNA, les voyant au milieu des paquets.

Ah ! les voilà... (Elle va les prendre. La cage est couverte d'un linge.) Pauvres petites bêtes !...

BODIN.

Vous les avez donc amenées de Poperinghe ?...

ANNA.

Mais sans doute !...

FLORESTAN.

Comme nous avions peu de paquets...

ANNA.

Oh ! nous ne nous quittons jamais...

BODIN.

Heureuses perruches !...

TOB, à part.

Ah ! bien... monsieur a dû avoir de l'agrément !...

COUPLETS

I

ANNA

Maman m'a dit en me donnant
Ces deux perruches dans leur cage :
« Que ces oiseaux, ô mon enfant,
Servent d'exemple à ton ménage !
Ensemble cent ans ils vivront
Et deviendront très vénérables...
Imite-les... fais comme ils font,
Car ce sont des inséparables !... »

BODIN, s'approchant.

On peut voir !...

ANNA.

Certainement... (Elle soulève le linge qui recouvre la cage.)

BODIN.

Eh ! mais... ils sont... trois...

TOUS.

Trois ?

FLORESTAN.

Il y a un invité.

ANNA.

Ah ! oui... nous en avions un second couple... dont la femelle est venue à mourir... et alors j'ai mis le mâle avec ceux-ci...

BODIN.

Et cela n'a pas eu d'inconvénients ?

II

ANNA.

Non... au contraire !... tout d'abord
Ça n'a pas marché sans querelle...
Mais ils furent bientôt d'accord,
Grâce aux bons soins de la femelle.
Ce veuf ne demandait pas mieux,
Les oiseaux sont si consolables !...
Et maintenant au lieu de deux,
Ça me fait trois inséparables.

(Elle remonte pour aller poser la cage.)

BODIN, bas à Florestan.

Tous mes compliments... Elle est charmante.

FLORESTAN.

N'est-ce pas, qu'elle est charmante ?... (Sur un regard de Tob.)
Un peu naïve, peut-être... un peu... mais vous savez... elle
sort du couvent.

BODIN.

Oh ! ne vous plaignez pas que la mariée soit trop belle...

FLORESTAN.

Je ne me plains pas... je ne...

TOB.

Me sera-t-il permis de joindre mes compliments à ceux de
M. Bodin-Bridet?

FLORESTAN, embarrassé.

Merci, Tob, merci !... (A part.) Se moquerait-il de moi ?...
(Haut.) Ah ça... mais je n'aperçois pas mon fils...

TOB.

Tiens, c'est vrai... où est donc M. Aristide ?

BODIN.

Il est allé à votre rencontre par des chemins de traverse...
et vous vous serez croisés... sans doute...

FLORESTAN, à part.

Tant mieux !

2

BODIN.

Maintenant... chère madame... si vous voulez qu'on vous
conduise à votre chambre... On a dû y porter vos malles.

ANNA.

Nos malles ?... mais nous ne les avons pas !

BODIN.

Comment cela ?...

FLORESTAN.

On n'a pas pu les charger sur la voiture et elles sont restées
à l'hôtel du Lion-d'Or. Mais j'irai voir tout à l'heure...

BODIN.

Ah ! c'est ennuyeux...

ANNA.

Je crois bien !... Me voilà obligée de garder cette robe...
qui ne plaît pas à mon mari ! Pardon ! à M. de la Boucanière...

FLORESTAN.

Mais je vous assure, ma chère amie...

ANNA.

Oh ! ne niez pas, monsieur. Lorsqu'au moment de partir, je
suis descendue avec cette robe, j'ai bien vu qu'elle vous dé-
plaisait... il faut cependant user ses effets de jeune fille... on
ne peut pas les jeter...

BODIN.

C'est incontestable !... (A Florestan.). Econome par-dessus le
marché... Heureux époux...

FLORESTAN.

Vous me comblez...

TOB.

Me sera-t-il permis de me joindre...

FLORESTAN.

Tu m'ennuies, toi. (Avec une gaieté forcée.) Elle est charmante,
cette robe... charmante... et elle fera beaucoup d'effet à
Paris... beaucoup.

ANNA.

N'est-ce pas?

TOB, ironique.

Il est fâcheux que monsieur le baron ne soit pas arrivé plus
tôt. Il aurait pu juger de l'effet en présentant madame la baronne au prince de Chypre qui était ici...

FLORESTAN.

Hein ? De Chypre ici?... ce bon de Chypre ! Et où est-il ?

TOB.

A l'hôtel du Lion-d'Or.

ANNA.

Mon mari connait des princes ?

BODIN.

Je l'ai vu... il est charmant.

FLORESTAN.

Un prince des plus aimables... pas fier, d'une simplicité rustique... tout à fait rustique... Je regrette de ne pas l'avoir
rencontré, ce bon de Chypre... mais j'irai le voir...

ANNA.

Vous me présenterez à lui ?

FLORESTAN.

Comment donc, chère amie ! Je ferai mieux... nous orga-
nîserons une petite fête en votre honneur.

ANNA.

Vrai !

FLORESTAN.

Les petites fêtes, c'est sa spécialité...

ANNA.

Et on dansera ?

FLORESTAN.

On dansera.

ANNA.

Quel bonheur !

BODIN.

Heureux âge !

TOB, à part.

Elle doit avoir une façon de danser...

ANNA.

Ah! tàchez que ce soit bientôt, hein? Je suis déjà d'une impatience...

FLORESTAN.

Je vous promets qu'avant peu vous en aurez la surprise... Là... (Plus bas.) Seulement... n'en parlez pas à Aristide...

ANNA.

Pourquoi donc?

FLORESTAN.

Oh! vous savez... c'est un homme d'étude, un garçon de cabinet, il ne comprend pas ces choses-là, lui...

ANNA.

Alors il ne sera pas des nôtres?

FLORESTAN, vivement.

Non, non! (A part.) Ah! bien merci!

TOB, entre ses dents.

C'est dommage... c'eût été complet...

FLORESTAN.

Monsieur Tob... va monter ces paquets dans ma chambre.

TOB.

Bien, monsieur le baron (A part.) C'est pour m'éloigner, il est honteux... (Il prend le sac avec bruit.)

ANNA, courant après lui.

Faites attention à ce petit sac, il y a des bouteilles.

FLORESTAN.

Des bouteilles?

ANNA.

Oui, maman m'avait préparé des provisions pour le voyage. Quelques fruits... des tartines de confitures, et elle y a joint une bouteille de vin coupé et un petit flacon d'eau de mélisse.

FLORESTAN.

Hum ! hum !

ANNA.

Plaît-il ?

FLORESTAN.

Bien.

BODIN.

C'est une femme de précaution.

ANNA.

Oh ! oui ! Et elle m'a bien recommandé de ne pas égarer l'eau de mélisse... dont j'avais besoin sans doute, a-t-elle ajouté d'un air très drôle... Je ne sais pas pourquoi, par exemple !

TOB, à part, pouffant.

Ah ! celle-là, je la retiens ! (Il laisse tomber le sac.)

TOUS.

Ah ! (Tob ramasse le sac.)

FLORESTAN.

Maladroit !

TOB.

Que monsieur le baron veuille m'excuser... Le saisissement...

FLORESTAN.

C'est bon, c'est bon !

BODIN, bas à Anna.

Rien de cassé ?

TOB, ouvrant le sac.

Pas encore !

ANNA.

Non, heureusement ! (A Tob.) Mais prenez garde, je vous en prie.

FLORESTAN, prenant le sac.

Donne... Pour plus de sûreté je vais le porter moi-même...

2.

ANNA.

Ah! c'est gentil, ça! Voulez-vous prendre en même temps les perruches? J'ai peur qu'elles ne s'enrhument.

BODIN.

En effet, ces petites bêtes sont si frileuses.

TOB, qui est allé chercher la cage.

La cage de monsieur le baron!

FLORESTAN.

Merci! (A part.) Animal, va

TOB.

Dois-je accompagner monsieur le baron?

FLORESTAN.

Ce n'est pas la peine!... (A part.) Si ces dames me voyaient, mon Dieu! (Il entre dans le pavillon.)

TOB, à part, le suivant des yeux.

Un si beau veuf, voilà ce qu'ils en ont fait!

SCÈNE X

ANNA, BODIN, TOB.

BODIN.

Ainsi vous voilà mariée?

ANNA, étonnée et riant.

Mais sans doute. Voulez-vous mon petit livret?

BODIN.

Quel petit livret?

ANNA.

Eh bien, celui qu'on m'a remis à la mairie après la cérémonie.

BODIN.

Tiens!...

ANNA.

C'est l'usage en Belgique. A la première page, il y a les

noms et prénoms des mariés... A la seconde, douze compartiments vides..

BODIN.

Douze compartiments.

ANNA, lui montrant le petit livre.

Oui, tenez...

BODIN.

Pourquoi faire ?

ANNA.

C'est ce que j'ai demandé à l'officier de l'état-civil qui nous a mariés, et il m'a répondu :

COUPLET

> Le devoir d'une femme honnête
> L'oblige en ces compartiments,
> D'inscrire la liste complète,
> De ses douze premiers enfants.
> Prenez donc... ce livre est le vôtre,
> Ajouta-t-il d'un ton poli,
> Quand celui-ci sera rempli,
> Nous vous en donnerons un autre.

BODIN, à lui-même.

Ils vont bien, en Belgique !

TOB, qui a écouté au fond, redescend. A part.

Allons ! c'est une grue ! (Il va et vient pour rentrer les paquets.)

ANNA, à elle-même, remontant.

Ah! mais c'est charmant, cette ferme.

BODIN.

N'est-ce pas? Au fait..., que je vous renseigne. Du pavillon, nous avons une sortie sur la grand'route qui mène à la forêt...

ANNA.

Bon !

BODIN.

Par ici, les étables, le poulailler, la porcherie.

ANNA.

Il y a des bêtes dedans ?

BODIN.

C'en est plein...

ANNA.

Oh ! venez donc me les montrer, en attendant les malles...

BODIN.

Impossible en ce moment... des dépêches urgentes à expédier... Mais, pour voir les bêtes, vous n'avez pas besoin de moi.

ANNA.

Vraiment... je peux ?

BODIN.

Vous êtes ici la maîtresse.

ANNA, sautant de joie.

Ah ! que je suis contente !

BODIN, à lui-même.

Heureux la Boucanière ! (Il rentre à droite.)

ANNA, qui a ouvert la porte de la ferme.

Tiens ! des poussins ! petit... petit... petit... petit !... (Elle disparaît à gauche.)

SCÈNE XI

TOB, FLORESTAN, puis ANNA, cachée.

TOB, à lui-même.

C'est le comble de la gruerie ! Eh bien, si monsieur reste plus de dix-huit heures avec cette femme-là, je veux être pendu ! Quant à moi... (Il va prendre les derniers paquets restés au fond.)

FLORESTAN, sortant du pavillon, à lui-même.

C'est très gentil ici, très gentil, d'une simplicité rustique !

Mais dès que mon fils sera marié (Voyant Tob venir près de lui.) Oh! Tob! (Haut.) C'est toi?

TOB.

Oui, monsieur le baron... Monsieur le baron veut-il que je le laisse seul?

FLORESTAN.

Seul? Et pourquoi donc?

TOB.

Dam! j'ai remarqué que monsieur le baron paraissait m'éviter...

FLORESTAN.

Moi? Ah ça où diable es-tu allé chercher ça?

TOB.

Monsieur le baron est embarrassé sans doute.... mais que monsieur le baron se rassure... je ne le gênerai plus longtemps... Dès que monsieur le baron aura trouvé un autre valet de chambre...

FLORESTAN.

Tu veux me quitter? Tu est fou! Allons, tu est fou!

TOB.

Non... monsieur le baron, je ne suis pas fou! Lorsque suis entré au service de monsieur le baron, monsieur le baron était veuf...

FLORESTAN.

Eh bien, je suis remarié, maintenant.... après? Est-ce qu'il aurait fallu te consulter, par hasard?

TOB.

Je ne dis pas ça.

FLORESTAN.

C'est heureux.

TOB.

Monsieur le baron était libre de se remarier, bien que...

FLORESTAN

Bien que quoi?

TOB.

Bien qu'à mon avis, monsieur le baron eût dépassé l'âge...

FLORESTAN.

Hein ?

TOB.

Mon Dieu, je sais bien que monsieur est encore très bril-
lant... comme ça... en dehors...

FLORESTAN.

Comment en dehors, qu'est-ce que ça veut dire ?

TOB.

Et en dedans, monsieur le baron, en dedans aussi, mais
pour cela monsieur le baron a besoin...

FLORESTAN.

Comment a besoin de... En voilà assez ! (Il va s'asseoir de
mauvaise humeur.) Rien de neuf, à Paris ?

TOB.

Rien.

FLORESTAN, bas.

Et Coralie ?

TOB.

Pas aperçue.

FLORESTAN.

Ah !

TOB, à part.

Inutile de lui mettre la puce à l'oreille ! Je le connais... Il
serait capable de courir après ! (Haut.) A tout hasard, j'avais
apporté les journaux de monsieur le baron.

FLORESTAN.

Donne ! (Il les prend et les ouvre.)

TOB, sèchement.

Voilà !.... les journaux de monsieur le baron !...

FLORESTAN.

Ah ! ce ton... il se permet des manières...

ANNA, à part, apparaissant derrière le grillage du poulailler.

Dieu!.... que c'est amusant une ferme ! mon mari !... (Apercevant Florestan elle se dissimule.)

FLORESTAN, de mauvaise humeur après un temps et brusquement.

Alors à ton avis... j'ai fait une bêtise en me remariant et on se moquera de moi ?

ANNA, à part.

Comment ! une bêtise ?

TOB.

Je n'ai pas dit ça...

FLORESTAN.

Non... mais tu le penses !... je vois bien que tu le penses !

TOB.

Je ne me permettrais pas...

FLORESTAN.

Il fallait bien faire une fin cependant.... puisque mon fils l'a exigé.

ANNA, à part.

Exigé!...

FLORESTAN.

Et puis... quoi ? Je pourrais tomber plus mal ! Elle est charmante, ma femme...

ANNA, à part.

A la bonne heure !

FLORESTAN.

Je sais bien qu'on peut lui reprocher d'être un peu jeune.... un peu... comment dirai-je ?... un peu godiche.

ANNA, à part.

Godiche !

FLORESTAN.

Quant à sa façon de s'habiller... de se fagoter... et de se coiffer surtout... oui c'est vrai... Eh bien, je réformerai tout cela... et... (Jetant les yeux sur le journal.) Ah ! voilà qui est curieux !

TOB.

Quoi donc, monsieur le baron ?

FLORESTAN.

Ce croquis de la *Vie Parisienne* ! (Lisant.) « Comment s'habil-
lent ces dames. »

ANNA, à part.

Tiens !...

FLORESTAN.

Oh ! les Parisiennes! Et ces Parisiennes là, surtout, il n'y a
qu'elles, tout de même, pour s'habiller... quel chic ! quel fion !
sont-elles assez catapultueuses, comme dit le prince !... ce bon
de Chypre.

ANNA, à part.

Ah !... je serais curieuse de voir...

FLORESTAN, à part, se levant de mauvaise humeur et posant le journal.

Elles sont charmantes, ces femmes... satané Aristide, va ! Il
avait bien besoin de me ramarier !... (Il prend son chapeau.)

TOB.

Monsieur le baron sort ?

FLORESTAN.

Oui, j'éprouve le besoin de changer d'air je vais.... je vais
réclamer les malles à l'hôtel du Lion d'Or !... Ça me fera une
promenade ! Et serrer en même temps la main à cet excellent
prince... Quel bon viveur. Ça me dépoperingherisera! ... ouf!...
(Il sort.)

TOB, à lui-même.

Il éprouve le besoin de changer d'air... je comprends ça !...
allons.... allons... un veuf à la mer ! (Il rentre dans le pavillon
avec les derniers paquets.)

SCÈNE XII

ANNA, seule.

(Dès la sortie de Teb elle entre en scène, s'assure qu'on ne la regarde pas, et va prendre vivement le numéro du journal de la *Vie Parisienne* resté sur la table.)

Fagotée ! Tandis que ces dames... quel chic! quel lion !.....

RONDEAU

(Lisant.)

Les femmes seront toujours reines.
Elles sauront toujours briller,
Mais ce n'est qu'aux Parisiennes
Qu'appartient l'art de s'habiller.

Elles savent bien, les cruelles,
Exercer leur séduction.
Tenez, voici quelques modèles
Croqués au hasard du crayon :

Madame de Sainte-Amaranthe,
A l'Opéra. le mercredi.
Porte la tunique collante
Sur des paniers d'un tour hardi!

Le coin du feu. c'est la comtesse,
Dans son négligé du matin.
Lisant tout bas avec ivresse :
Pot-Bouille... et *l'Abbé Constantin*

La petite blonde qui passe
Fait tourner la tête au badaud.
Elle est charmante en sa cuirasse,
Dont plus d'un trouva le défaut.

Talent généreux et sans digue,
Ange éthéré, voici Sarah,
Elle revient, l'enfant prodigue.
Allons applaudir Fœdora,

Voici, charmeuse incomparable,
Gamine aux joyeuses chansons,
Granier dans *Madame le Diable*...
Et puis Chaumont dans *Divorçons* !

Comme une sainte dans sa niche.
C'est mademoiselle Lili.
Qui fut la Roussotte et Niniche.
Bah ! deux yeux noirs et... c'est fini.

Vous voilà toutes, ô mes reines,
Qui sur nous régnerez toujours.
O mes amours parisiennes.
Parisiennes, mes amours !

VOIX DE PACCAUD.

Monsieur !... Monsieur...

ANNA.

Oh ! du monde !... (*Elle rentre vivement dans le pavillon emportant
le journal.*)

SCÈNE XIII

PACCAUD, BODIN, puis UN GAMIN.

PACCAUD, *sortant vivement de la ferme tout bouleversé.*

Ah !... en voilà bien d'une autre ! monsieur ! monsieur !...

BODIN, *à la fenêtre.*

Qu'y a-t-il ?

PACCAUD,

Adolphe est tombé su' l' flanc ! Il est en train de trépasser...

BODIN,

Ce n'est pas possible, mon ami ! Un remède préparé par moi et approuvé par l'Académie de médecine, ne peut pas faillir à sa mission... Or, sa mission est de guérir... donc Adolphe n'est pas mort !...

PACCAUD.

Cependant, not' maître...

BODIN.

Il n'y a pas de cependant ! Tu comprends bien, n'est-ce pas, que ce n'est pas un misérable cochon qui va avoir raison contre la science toute entière...

PACCAUD,

Je ne sais pas s'il veut avoir raison... mais mon avis, c'est qu'y n'est plus bon qu'à faire de la saucisse.

BODIN.

Non ! non ! s'il est immobile, c'est qu'il s'est évanoui... Une faiblesse, des vapeurs... c'est peut-être un cochon à vapeur, va le tirer par la queue !...

PACCAUD.

Ah ! ben... Il y a longtemps qu' c'est fait...

BODIN.

Tu l'as déjà fait ?

PACCAUD.

Même que voilà c' qu'y m'a laissé dans la main ! (Il lui montra la queue.)

BODIN.

Ah ! par exemple !... voyons... (Paccaud lui passe la queue. La regardant.) C'est à n'y pas croire !... Et pourtant... (Il la sent. Tiens !

PACCAUD.

Quoi donc ?

BODIN.

Ah ! voilà qui est bizarre... (Il sent la queue.) Elle sent l'oppoponax !... une queue de cochon qui sent l'oppoponax !

PACCAUD.

L'oppoponax ?...

BODIN.

Ah ! quelle découverte pour la science, mon Dieu ! Et pour
la parfumerie !... (Il disparaît enthousiasmé.)

PACCAUD, ahuri.

Est-ce qu'y perdrait la tête, not' maît'?

UN GAMIN, à la grille.

M'sieu de la Boucanière, s'il vous plaît ?

PACCAUD.

Père ou fils ?

UN GAMIN, qui est entré.

Oh ! j' n'en savons rien... c'est une lett' qu'on m'a dit comme
ça de r' mett' en mains propres.

PACCAUD, voyant entrer Aristide.

Tenez ! Voilà le fils ! Adressez-vous à lui ! (A lui-même.) Oh !
pauv' monsieur !... Et pauv' Adolphe ! (Il rentre dans la forme.)

SCÈNE XIV

ARISTIDE, Le Gamin, puis, Le Prince.

ARISTIDE, à lui-même, s'épongeant.

Maudits chemins de traverse ! je me suis égaré !...

LE GAMIN.

Pardon, m'sieu ! c'est y vous qu'êtes M. de la Boucanière ?...

ARISTIDE,

Oui... que veux-tu, mon petit ?

LE GAMIN, bas.

C'est une lett' qu'une belle dame vous envoie.

ARISTIDE.

A moi ? (L'ouvrant et lisant.) Je sais que vous ici... (Parlé.) Comment ! (Regardant l'enveloppe.) M. Florestan de la Boucanière. (Parlé.) Eh mais... c'est pour papa... ma foi tant pis !.... (Lisant.) Je sais que vous êtes ici. Je vous attends à l'hôtel du Lion-d'Or. (Parlé.) Hein ! (Reprenant.) Si vous n'êtes pas venu m'y rejoindre à quatre heures, c'est moi qui irai vous retrouver.... (Parlé.) Ah! par exemple !.... (Lisant.) Nous avons un compte à régler... Coralie. (Avec effroi.) Coralie !... La dernière à papa... celle de Luchon !... juste ciel !... nous voilà bien !

LE GAMIN, à part.

Y paraît émouvé.

ARISTIDE, à lui-même.

A quatre heures ! Et il est moins dix ! Elle va venir !... Que faire ? mon Dieu ! que faire ? pour empêcher ? ce serait un scandale épouvantable... Et mon mariage... Encore une fois !... Ah ! je n'en aurai donc jamais fini avec papa? (Il tombe assis avec accablement.)

LE PRINCE, à lui-même, à la grille.

Enfin j'ai mon canard... il m'a coûté bon; mais.... (Descendant.) Ah! je suis curieux de savoir si Florestan est arrivé...

ARISTIDE, se retournant, à lui-même.

Le prince! le prince, ici ! Oh ! quelle idée !

LE PRINCE, à lui-même.

Oh ! le savant !...

ARISTIDE, allant à lui vivement.

C'est le ciel qui vous envoie !...

LE PRINCE.

Le ciel !...

ARISTIDE, au gamin.

Qu'est-ce que tu fais là, toi ?

LE GAMIN.

Mais, m'sieu...

ARISTIDE.

Veux-tu bien t'en aller !... Porter de pareilles missives à ton
âge... Si tu n'es pas honteux...

LE GAMIN, effrayé.

J'm'en vas, m'sieu !... j'm'en va ! En voilà un rappiat. (Il se
sauve.)

LE PRINCE, à lui-même.

Qu'est-ce qu'il lui prend ? (Aristide qui revient.) Eh ! bien ?

SCÈNE XV

ARISTIDE, LE PRINCE.

ARISTIDE.

Prince, la vie, le bonheur, l'honneur de toute une famille
sont entre vos mains.

LE PRINCE, regardant ses mains.

Entre mes mains ?

ARISTIDE.

Quatre heures moins huit... pas une seconde à prrdre, une
femme va venir...

LE PRINCE.

Quelle femme ?

ARISTIDE.

La dernière à papa...

LE PRINCE.

Celle de Luchon ? Coralie ?

ARISTIDE.

Vous la connaissez ?

LE PRINCE.

Non, mais Tob m'en a parlé...

ARISTIDE.

Ah ! vous avez vu monsieur Tob ? Vous savez, alors.

LE PRINCE.

Oui... oui ! je sais tout !...

ARISTIDE.

Inutile d'insister sur les conséquences que pourrait avoir son arrivée ici... chez monsieur Bodin-Bridet... mon futur beau-père... et cela le jour même... où l'on signe mon contrat...

LE PRINCE.

Comment ! vous croyez qu'elle oserait ?...

ARISTIDE.

Voici la carte qu'elle vient d'envoyer à papa et que j'ai eu le bonheur d'intercepter...

LE PRINCE, à part, tout en lisant.

Tiens! elle est à l'hôtel du Lion-d'Or... à mon hôtel...

ARISTIDE.

Il faut donc nous en débarrasser.

LE PRINCE.

De votre père...

ARISTIDE.

Mais non, de cette créature, quatre heures moins quatre, et j'ai compté sur vous...

LE PRINCE.

Sur moi?

ARISTIDE.

Oui, vous seul pouvez l'emmener...

LE PRINCE.

Où ça?

ARISTIDE.

Où vous voudrez...

LE PRINCE.

Sous quel prétexte ?

ARISTIDE.

Eh! mon Dieu? faites-lui peur de moi ! Dites-lui que papa l'attend à l'hôtel du Lion-d'Or.

LE PRINCE.

Oui, mais une fois là...

ARISTIDE.

Une fois là, ça vous regarde.

LE PRINCE.

Comment?

ARISTIDE.

Vous êtes un homme, vous me comprenez... quatre heures moins trois, mon Dieu ! mon Dieu !.. Eh bien, prince ?

LE PRINCE, à part.

Ma foi... ce sera la revanche de la petite Zizi. (Haut.) Est-elle jolie, au moins ?

ARISTIDE.

Charmante... J'ai vu son portrait chez papa.

VOIX DE BODIN.

Aristide !

ARISTIDE.

Allons ! bon ! mon beau-père ! Ah! il ne manquait plus que ça !... Je suis à vous ! (Regardant sa montre.) Quatre heures moins une... Faites le guet !...

LE PRINCE.

Oh ! une dame qui se dirige de ce côté...

ARISTIDE, courant à la porte du pavillon.

Sapristi ! (Au prince.) Comment est-elle?

LE PRINCE.

Brune, taille moyenne.

ARISTIDE.

Mise excentrique?

LE PRINCE.

Ah! oui !... chapeau extravagant... cheveux sur le front...

ARISTIDE.

C'est elle !...

VOIX DE BODIN.

Aristide!

ARISTIDE.

Oh! c'est dit, n'est-ce pas... je compte sur vous

LE PRINCE.

C'est dit! c'est dit!...

VOIX DE BODIN.

Aristide!...

ARISTIDE.

Merci! (Criant.) Me voici, me voici... (Au prince.) Faites-lui peur de moi... (Il rentre dans le pavillon.)

SCÈNE XVI

LE PRINCE puis ANNA.

LE PRINCE, seul.

Je venais dans cette ferme pour chercher un canard sauvage... et c'est une femme que... elle est catapultueuse... (Il tire de sa poche une petite glace devant laquelle il s'arrange.)

ANNA, à elle-même, à la grille; toilette, coiffure, chapeau, etc., arrangés avec excentricité.

Je viens d'aller voir sur la route si j'apercevais mon mari... pour lui faire la surprise de ma nouvelle coiffure... j'ai pris modèle sur les dessins qu'il admirait... il sera content, j'espère... Oh! quelqu'un!

LE PRINCE, l'apercevant, à part.

Oh! mais elle est charmante! (Haut.) Vous cherchez monsieur de la Boucanière, madame?

ANNA.

Oui monsieur...

LE PRINCE, bas.

Eh! bien, il vous attend à l'hôtel du Lion d'Or.

ANNA.

Il m'attend?

LE PRINCE.

Et je viens vous chercher de sa part, ma voiture est là...

ANNA.

Mais à qui ai-je l'honneur?

LE PRINCE, se présentant.

Le prince de Chypre !...

ANNA.

Le prince !... Ah! Monseigneur... Et c'est de la part de monsieur de la Boucanière?

LE PRINCE.

Oui, un petit souper... une petite fête...

ANNA.

C'est pour aujourd'hui, la petite fête?

LE PRINCE.

Sans doute...

ANNA.

Quel bonheur !

LE PRINCE.

Plus bas donc !

ANNA.

Plus bas?

LE PRINCE.

Monsieur Aristide, son terrible fils est là... et il ne faut pas qu'il sache.

ANNA.

C'est vrai, c'est vrai, il n'aime pas que son père s'amuse...

LE PRINCE.

Justement...

ANNA.

Eh bien, venez alors... venez vite!

LE PRINCE, à part.

Comment ! c'est elle qui m'enlève!...

ANNA.

Il n'aurait qu'à venir !...

LE PRINCE.

Ça y est ! Eh bien, la famille me devra un fameux cierge...

SCÈNE XVII

PACCAUD, BODIN.

BODIN, sortant du pavillon, très affairé.

Paccaud ! (A lui-même.) Ah ! quel drôle de cochon ! (Appelant.)
Paccaud!

PACCAUD, descendant.

Not' maître?

BODIN.

Tu vas me distiller Adolphe...

PACCAUD.

Distiller Adolphe...

BODIN.

C'est mon avis... Aristide est en train de rédiger un rap-
aort surle porcus oppoponapi Bodinus. (Apercevant à terre la carte
de Coralie qu'Aristide a laissé tombé par terre.) Tiens... qu'est-ce que
c'est que ça?... (La ramassant.) Une visite. (Il lit avec épouvante.)
Que vois-je, Coralie... Coralie, mon ancienne gouvernante...
mon unique faute qui vient me réclamer. (Lisant.) Si à quatre
dheures... (Parlé.) Et il est quatre heures et demie !... Elle v
venir! Ah ! courons! courons à l'hôtel du Lion-d'Or!

PACCAUD.

Que qu'il a donc ?

(Rideau.)

ACTE DEUXIÈME

La salle commune de l'hôtel du Lion-d'Or, au rez-de-chaussée, au
fond à gauche, une porte menant de l'intérieur à droite, toujours au fond une grande baie cintrée donnant sur une terrasse ayant vue sur le parc. Premier plan, une porte d'appartement. A droite, premier plan, une porte d'appartement. Au
deuxième plan la porte d'entrée ouvrant à deux battants. Huit
chaises.

SCÈNE PREMIÈRE

GARÇONS, SERVANTES, UN CUISINIER, UN SOMMELIER, puis
CORALIE. (Les garçons et les servantes préparent des guirlandes et
des lanternes vénitiennes.)

CHŒUR

> Chaud. chaud, pour la fête du prince,
> Préparez un souper exquis,
> Il faut lui prouver qu'en province
> On est aussi fort qu'à Paris.

LE SOMMELIER.

Allons, chaud, chaud, les enfants! le souper du prince est
pour huit heures! ne flânons pas!

UN GARÇON.

C'est ici qu'ils vont souper?

LE SOMMELIER.

Oui !

UNE SERVANTE.

Ah ! bien... ce ne sera pas agréable pour les autres qui seront forcés d'y passer pour aller dans leurs chambres.

LE SOMMELIER.

La belle affaire pour un voyageur... (Il montre la chambre premier plan à gauche.) Ou plutôt une voyageuse qui loge là, faudrait-il pas mécontenter le prince de Chypre et toute sa société? Qu'y a-t-il?

UN HOMME DE PEINE.

Je viens voir ce qu'il faut faire des malles qui sont arrivées tout à l'heure par l'omnibus du chemin de fer.

LE SOMMELIER.

Ah ! oui, celles de monsieur de la Boucanière pour la ferme des Ormeaux ! On ne les expédie donc pas ce soir ?

L'HOMME.

Impossible!... Et comme on ne peut pas les laisser la nuit dans la cour.

LE SOMMELIER.

C'est juste ! Eh bien, mettez-les dans cette chambre. . elle est inoccupée.

L'HOMME.

Bien ! (Il sort.)

LE SOMMELIER.

Et vous, les enfants!... allez préparer les guirlandes que ces dames vous ont demandées? Ah !... je dois vous prévenir que ce sont les domestiques du prince qui feront le service. Ils sortent. Il va sortir, Coralie entre par la porte premier plan à gauche.)

CORALIE, entrant comme une bombe.

Le maître d'hôtel,... où est-il, le maître d'hôtel ?

LE SOMMELIER, reculant.

Hein ! (Effrayé.)

CORALIE.

Je vous demande où est le maître de cet hôtel.

LE SOMMELIER.

Il est sorti, madame... mais... mais c'est moi qui le remplace...

CORALIE.

Dans un hôtel bien tenu, le maître ne sort jamais.

LE SOMMELIER.

Permettez !

CORALIE.

Je ne permets pas.

LE SOMMELIER.

C'est tout ce que madame a à me dire ?

CORALIE.

Non... j'ai à vous dire qu'il n'est pas possible qu'un monsieur ne soit pas encore venu demander mademoiselle Coralie.

LE SOMMELIER.

Oh ! je puis assurer à madame...

CORALIE.

Alors, c'est qu'on n'a pas porté ma lettre.

LE SOMMELIER.

A la ferme des Ormeaux?

CORALIE.

Je n'en ai pas envoyé d'autre, que je sache.

LE SOMMELIER.

Eh bien!... Elle a été remise en mains propres.

CORALIE.

Vous êtes certain?

LE SOMMELIER.

Parfaitement certain.

CORALIE, à elle-même.

C'est incompréhensible!... Florestan toujours si empressé, si obéissant... (On entend un cor de chasse.) Qu'est-ce que c'est ques ça ?

LE SOMMELIER.

Des chasseurs qui rentrent, madame.

CORALIE.

Il y a donc du gibier dans ce pays-ci?

LE SOMMELIER.

Non... mais il y a des chasseurs. (On entend des bruits de voix et des rires de femmes.) Et, justement, voici ces dames...

CORALIE.

Quelles dames ?

LE SOMMELIER.

Des... danseuses... qui logent ici,.. et qui reviennent de chasser dans la forêt.

CORALIE.

Ah! cet hôtel est insupportable !... Dès que la personne que j'attends arrivera... un monsieur respectable... vous l'introduirez dans ma chambre.

LE SOMMELIER.

Madame peut y compter... mais pardon, madame, nous avons un souper à huit heures dans cette salle... si l'on fait un peu de bruit, je prie madame de n'y pas faire attention.

CORALIE, à part.

Ces domestiques sont d'une insolence ! (Elle entre brusquement dans sa chambre.)

LE SOMMELIER, à lui-même.

C'est pas un crin, cette femme-là, c'est une brosse !

SCÈNE II

LE SOMMELIER, FLORESTAN, CORA, LÉONA, LUCIENNE, GABRIELLE et d'autres CHASSEURS. (Florestan entre poussé par ces dames. Les dames en costume de chasse portent des fusils et des carniers.)

CORA.

Allons! allons! marche! Et plus vite que ça !

TOUTES.

Oui! oui ! plus vite que ça !

FLORESTAN.

Mais encore une fois, mesdames, il faut que je m'en aille.
Il veut leur échapper.)

LUCIENNE.

Un pas de plus... (Le mettant en joue.) Et tu es mort.

FLORESTAN.

Ah ! voyons... mes enfants... (Il veut s'en aller d'un autre côté.)

GABRIELLE, même jeu.

Un pas de plus...

FLORESTAN.

Je vous en prie...

CORA, même jeu.

On ne passe pas.

LÉONA, au sommelier.

Les guirlandes sont prêtes ?

LE SOMMELIER.

Oui, madame !

LUCIENNE.

Apportez-les, je vous prie.

LE SOMMELIER.

Tout de suite, madame... Oh! ces femmes de théâtre! (Il
sort.)

GABRIELLE, à Florestan.

Non ! non ! non ! (Lui prenant son chapeau.) Ton chapeau.

FLORESTAN.

Oh !

GABRIELLE.

Quand nous t'avons rencontré près de l'hôtel...

CORA.

Tu as voulu nous échapper.

LÉONA.

Mais, cette fois, nous te tenons.

GABRIELLE.

E tnous le gardons... (Lui prenant son chapeau.) Ton chapeau.

FLORESTAN.

Mesdames... vous êtes charmantes, ravissantes, séduisantes
au possible...

LUCIENNE.

Tu vas trop loin...

FLORESTAN.

Non! En toute autre circonstance je me ferais couper en
quatorze cents petits morceaux... plutôt que de vous quitter!...
mais aujourd'hui, sérieusement, j'ai des devoirs à remplir...

TOUTES, riant.

Des devoirs?

FLORESTAN.

Des devoirs sacrés... ma famille m'attend.

LUCIENNE.

Tu as donc une famille, toi?

CORA.

Eh bien!... et son fils que vous oubliez! Le fils... qu'il a à
la patte.

LÉONA.

C'est vrai... ce fameux fils dont il a si peur.

FLORESTAN.

Mon fils ! Ah! ah ! bien, je vous conseille d'en rire ! Si vous
le connaissiez.

COUPLETS

I

C'est un grave professeur
Austère, instruit et terrible;
Il a l'air d'un sénateur
Quatre fois inamovible.
Il suit son chemin vertueux,

Tandis que je vis dans le faste
Et... parole !... il est aussi chaste
Que moi, je suis... voluptueux !
    Bref, un fils comme ça,
      C'est un papa !

II

Je me dis en observant
Quel caractère est le nôtre,
Lequel de nous deux vraiment
A donné le jour à l'autre ?
Il m'a rencontré cet été
Avec une petite femme
Eh bien ! j'ai dû lâcher la dame
Pour n'être pas déshérité.
    Bref un fils comme ça,
      C'est un papa !

TOUTES.

Un papa ! un papa !

CORA.

Il n'y a pas de fils, pas de papa qui tienne ! Tu souperas avec nous ici !

FLORESTAN.

Oh ! impossible !

GABRIELLE.

Mais tu ne sais donc pas que c'est aujourd'hui la fête du prince ?

FLORESTAN.

Ah ! bah !

LUCIENNE.

Et que nous lui faisons une surprise !

LÉONA.

Un souper monstre... qu'on ajoutera à sa note !

CORA.

Et un feu d'artifice monstre, commandé pour neuf heures.

GABRIELLE.

Et tu manquerais à cette fête?

LÉONA.

Toi... son ami... son camarade... son maître. Allons
donc !

TOUTES.

Allons donc!

FLORESTAN, faiblissant.

Mon Dieu ! je ne demanderais pas mieux certainement.

LUCIENNE.

Mais le prince ne te pardonnerait jamais.

FLORESTAN.

Oh ! impossible, mon petit chat. (A part.) Si j'étais remarié
seulement d'hier. Après cela... je pourrais bien rester une
demi-heure... jusqu'à l'arrivée du prince... sauf à dire là-bas
que je me suis égaré dans la forêt... (Haut.) Soit ! je suis des
vôtres.

TOUTES, battant des mains.

Ah! ah !

FLORESTAN.

Mais pour une demi-heure seulement ! Vous entendez, pour
une demi-heure.

TOUTES, lui sautant au cou.

Oui, oui, c'est convenu ! Vive Florestan!

FLORESTAN.

Ne criez donc pas comme ça !

LUCIENNE.

Ce cher Florestan!

CORA.

Tu nous manquais.

FLORESTAN, flatté.

Vrai ? eh bien, vous me manquiez aussi.

CORA.

Ah! ça, qu'est-ce que tu es donc devenu?

FLORESTAN, embarrassé.

Mon Dieu!... j'ai voyagé... j'ai visité la Belgique... Bruges...
Ah! quelle belle ville!

CORA.

Seul ?

FLORESTAN.

A peu près.

LUCIENNE.

Oh! le monstre... il ne changera jamais !

GABRIELLE.

Au fait ! quel âge as-tu ?

LUCIENNE.

Oui, quel âge ?

FLORESTAN.

C'est grave, très grave!

LUCIENNE.

Dis-le donc...

FLORESTAN.

Mon âge... vrai de vrai?

TOUTES.

Oui, oui, oui.

FLORESTAN.

Eh bien ! ça dépend.

COUPLET

Je sais fort bien qu'en me levant
Je laisse voir la cinquantaine.
Mais au grand jour en me montrant
Je parais quarante ans à peine !
Le soir, quand resplendit le gaz,
J'ai l'air d'atteindre à petits pas
Ma trentième année amoureuse,
Et la nuit à la veilleuse...

TOUTES.

Eh bien ?

FLORESTAN, achevant le couplet.

Mes petits choux
Informez-vous !

LE SOMMELIER.

Les guirlandes demandées.

TOUTES.

Les guirlandes ! Vite des échelles !

FLORESTAN.

Des échelles ? Pourquoi faire ?

CORA.

Eh bien, pour enguirlander la terrasse ! Allons, hop ! à l'échelle !

FLORESTAN.

Moi, à l'échelle !

CORA, le poussant.

Mais sans doute, tu vas nous aider.

FLORESTAN, à lui-même.

Sapristi ! si Aristide me voyait... Mais il fait un froid de loup sur la terrasse.

CORA.

Allons, allons, à l'échelle ! Et fermons la porte, le prince n'aurait qu'à venir.

TOUTES.

Oui, oui, fermons la porte... (Elles passent sur la terrasse avec Florestan.)

SCÈNE III

LE PRINCE, ANNA, L'HOMME DE PEINE, puis CORA.

LE PRINCE, entrant après s'être assuré qu'il n'y a personne.

Entrez, madame ! Nous y voici !... (A part.) Ouf !

ANNA, entrant joyeuse.

Enfin !... (S'arrêtant toute interdite.) Mais je ne vois pas M. de la Boucanière ?

LE PRINCE, à part.

Encore ? Ayons l'air de le chercher. Tiens, c'est vrai : Où est-il donc, ce cher Florestan ?

ANNA.

Si vous le faisiez prévenir de notre arrivée ?

LE PRINCE.

Oui, c'est cela, je vais le faire prévenir. (A part.) Un peu crampon, Coralie ! Aristide avait raison ! (Fausse sortie. A Anna vers qui il revient.) Au fait !... Il est peut-être allé au-devant de nous.

ANNA.

Nous l'aurions rencontré.

LE PRINCE.

C'est qu'il aura pris par un autre chemin.

ANNA.

Ah ! mon Dieu, s'il s'était égaré dans la forêt...

LE PRINCE.

Mais non, mais non ! ne vous alarmez donc pas ! Il connait le pays comme la poche de son fils.

ANNA.

C'est la première fois qu'il y vient, m'a-t-il dit.

LE PRINCE, embarrassé.

Ah ! c'est... (A part.) Sapristi !

ANNA, inquiète, à part.

Cet embarras, ce trouble... (Haut.) Prince, vous me cachez quelque chose.

LE PRINCE.

Moi, madame !...

ANNA.

M. de la Boucanière est souffrant. Un accident peut-être !..

LE PRINCE.

Ah ! je vous jure...

ANNA, à part.

Alors, que signifie ?...

LE PRINCE, à part.

Plus difficile à garder qu'à enlever.

ANNA, à part.

Après ça, n'ai-je pas été bien prompte à suivre le prince...
Car enfin... pourquoi mon mari... ne serait-il pas venu me
chercher lui-même. (Elle regarde le prince.)

LE PRINCE, à part.

Qu'est-ce qu'elle a donc à me regarder?

ANNA, à part.

Et si... c'était un faux prince ?... si c'était... (Poussant un cri
et chancelant.) Ah !

LE PRINCE, se précipitant.

Qu'avez-vous ?

ANNA, le fuyant.

Ne m'approchez pas!...

LE PRINCE.

Plaît-il ?

ANNA, résolûment.

Je veux partir.

LE PRINCE.

Hein !

ANNA.

Je veux aller le rejoindre.

LE PRINCE.

Madame...

ANNA.

Laissez-moi passer.

LE PRINCE, courant à la porte.

Je vous en prie.

ANNA, résolûment.

Laissez-moi passer, ou j'appelle au secours.

LE PRINCE.

Au secours !... Un scandale ! Ah ! ma foi j'aime mieux tout vous dire.

ANNA.

Tout me dire ?

VOIX DE FLORESTAN.

Passez-moi une guirlande.

TOUS DEUX, à part.

Hein !

VOIX DE CORA.

Voilà.

VOIX DE FLORESTAN.

Non, pas cela, une plus longue !

LE PRINCE et ANNA.

Lui !....

LE PRINCE, à part, aburi.

Florestan ici !... que signifie ?

ANNA, qui a couru à la porte du fond et l'a ouverte, à part.

Oh ! que de monde ! (Etonnée.) Et mon mari sur une échelle !

CORA, à la porte.

On n'entre pas !...

VOIX DE FLORESTAN.

Non ! non ! on n'entre pas !... C'est une surprise.

ANNA, rassurée, à part.

Une surprise !... Ah ! je comprends !... Ils s'entendaient. (Elle redescend.)

LE PRINCE.

Ah ! il faut que je sache...

CORA.

Allez-vous en... allez-vous en... Nous revenons dans un instant ! (Elle ferme la porte et disparaît.)

ANNA, à elle-même.

moi qui l'accusais !... Oh !

LE PRINCE, à part.

Sapristi !... Mais si Florestan la voit, tout est perdu !... Comment faire ?....

ANNA.

Quelles sont donc ces dames, monseigneur ?

LE PRINCE, un peu embarrasssé.

Des dames... de Paris!... des amies.

ANNA.

Et elles seront de la petite fête ? Mais alors je ne puis rester dans ce costume. (Voyant l'homme de peine traverser le théâtre et entrer dans la chambre de droite avec des malles.) Ah! mes malles ?

LE PRINCE, ahuri.

Ses malles !... Ah ! c'est vrai... elle loge ici !

ANNA.

Pas un mot de plus... j'ai compris.

LE PRINCE.

Ah !

ANNA.

Je vais me faire belle... (Saluant.) Monseigneur.

LE PRINCE, à part.

Eh bien, voilà des malles qui arrivent à propos !

ANNA, à part.

Mon mari avait pensé à tout !... Et moi qui m'étais imaginée... Etais-je assez folle? (Haut.) Je vais me faire belle. (Elle rentre à droite.)

LE PRINCE.

Ce ne sera pas difficile.

SCÈNE IV

LES MÊMES. moins ANNA.

CORA, sortant de la terrasse, suivie des autres, puis de Florestan.

C'est fait !

LE PRINCE, à part.

Il était temps !

CORA.

Tiens... cette dame n'est plus là ?

LE PRINCE, vivement et bas.

Taisez-vous ! (Il va serrer la main à Florestan qui entre avec les autres femmes.) Ce cher Florestan. Ah ! ça, par quel hasard ?

CORA.

Nous l'avons rencontré, enlevé et amené. (Elles remontent.)

FLORESTAN.

De vive force, mon bon de Chypre, car sans cela...

LE PRINCE, à part, rassuré.

Il ne se doute de rien !... Il s'agit maintenant... (Il fait le geste de faire filer.)

FLORESTAN, à part.

Sapristi ! sept heures quarante... Jamais ils n'admettront que j'aie pu m'égarer aussi longtemps.

GABRIELLE.

Croirais-tu qu'il ne veut pas souper avec nous ?

LE PRINCE.

Allons donc ! (A part.) Bravo !

FLORESTAN.

Je n'ai pas dit ça.

LE PRINCE.

Hein !

FLORESTAN.

J'ai dit que je ne pouvais pas rester.

LE PRINCE.

Au fait, c'est vrai !... Il marie son fils ce soir.

FLORESTAN, de mauvaise humeur.

Eh oui, parbleu !

LE PRINCE.

Oh! alors il ne faut pas insister.

TOUTES, avec regret.

Hein ?

LE PRINCE.

La famille... mes enfants... La famille avant tout !... Rendez-lui son chapeau !

FLORESTAN.

Oui, oui. Cora, mon chapeau ! (Furieux, à part.) Oh! la famille. (Il remonte un peu.) Voilà le commencement... la famille !...

LUCIENNE, bas au prince.

Ah ! ça... que signifie ?

LE PRINCE, bas.

Sa maîtresse est là !

LUCIENNE.

Comment... cette dame ?

LE PRINCE.

Chut ! je vous conterai ça. (Allant à Florestan.) Ah ! si tu savais combien je suis désolé...

FLORESTAN.

Et moi donc !... un souper qui s'annonçait si joyeux...

LE PRINCE.

Oh ! mon Dieu ! on croit souvent ! mais couvre-toi bien !... Les soirées sont fraîches.

FLORESTAN.

Ah ! il y a dans l'existence de cruelles nécessités... de bien cruelles nécessités.

LE PRINCE.

Voyons... voyons... pas d'attendrissement...

FLORESTAN.

Vous boirez à ma santé ?

TOUS.

Nous le jurons.

FLORESTAN, avec un soupir.

Allons !... puisqu'il le faut... (Il les embrasse toutes.) Cora ! Gegel ! Gabri ! Nana !

LE PRINCE.

Adieu, la Boucanière.

LES FEMMES.

Au revoir, Florestan. (Florestan sort.)

LUCIENNE, au prince.

Maintenant, tu vas nous dire...

FLORESTAN, rentrant.

Après ça... vous savez... je pourrais bien rester encore une demi-heure.

LE PRINCE.

Non ! non ! pas d'imprudence.

TOUTES.

Pas d'imprudence !

LE PRINCE.

Si ton fils...

FLORESTAN.

Vous avez raison !... Adieu alors... adieu ! (Les embrassant toutes.) Adieu Gegel ! adieu Gabri ! adieu Cora ! adieu Nana !... (Il sort.)

LE PRINCE.

Enfin !

LES FEMMES, qui l'avaient accompagné redescendent.

Il est parti !... (Vacarme; la porte s'ouvre et Florestan revient dans la plus grande agitation.)

TOUTES.

Qu'y a-t-il !

LE PRINCE.

Encore !

FLORESTAN.

Mon fils !

TOUS.

Hein !

FLORESTAN.

Mon fils que je viens d'apercevoir dans l'allée du jardin.

LE PRINCE.

Sapristi !

FLORESTAN.

Faites-moi filer. (Il va vers la porte de droite.)

LE PRINCE, se précipitant.

Pas par là. (Montrant la porte du fond à droite.) Par ici !

FLORESTAN, à la porte.

Retenez-le... retenez-le...

LE PRINCE.

Oui, oui, sois tranquille... mais pas par là... c'est la cui-
sine... à droite... l'escalier... Mesdames, conduisez-le donc !

CORA et LEONA.

Nous y allons. (Elles sortent.)

LE PRINCE.

Quant à vous, mesdames, fermez cette porte !

GABRIELLE et LUCIENNE.

C'est vrai ! c'est vrai !

LE PRINCE, s'adressant au dehors.

Eh bien ! il est parti !

CORA et LÉONA, du dehors.

Oui, oui ! il est parti !

LE PRINCE, fermant la porte de droite.

Bravo !

GABRIELLE et LUCIENNE.

On marche dans le couloir... c'est lui sans doute !...

LE PRINCE.

Tenez ferme, je viens... Ah ! ce pauvre Florestan !

SCÈNE V

Les Mêmes, moins FLORESTAN, ARISTIDE.

ARISTIDE, entrant.

Des femmes ! J'en étais sûr !

LE PRINCE, s'avançant.

Qu'y a-t-il?

ARISTIDE.

Oh! inutile... je l'ai vu.

TOUS, désappointés.

Ah!

ARISTIDE, croisant les bras.

Ainsi, vous étiez ses complices...

LE PRINCE.

Plaît-il?

ARISTIDE.

Vous favorisiez les débordements d'un chef de famille?

LES FEMMES.

Mais...

LE PRINCE, les arrêtant d'un geste.

Laissez donc!

ARISTIDE.

Ah! tenez... rien que d'y penser, la sueur de la honte me monte au front.

LE PRINCE, moqueur.

Vraiment?

ARISTIDE.

Oui, monsieur, elle m'inonde, la sueur de la honte!

LE PRINCE.

Je ne vous dis pas le contraire... mais vous êtes bien sûr que ce n'est pas parce que vous avez couru?

ARISTIDE.

C'est peut-être un peu à cause de ça aussi!... mais n'importe!... (Respirant.) Et pour qui, bon Dieu! Pourquoi abandonne-t-il en un jour comme celui-ci sa malheureuse et respectable famille?

LE PRINCE, à part.

Oh! respectable...

ARISTIDE.

Pour d'indignes compagnons de débauche.

LE PRINCE.

Hein ?

ARISTIDE.

Pour des créatures sans nom et sans pudeur.

LES FEMMES.

Qu'est-ce qu'il dit ?

ARISTIDE.

Ah ! vous ne me faites pas peur... qui ne rougissent pas d'emprunter leurs vêtements à un sexe auquel elles n'ont pas l'honneur d'appartenir.

LES FEMMES, menaçantes.

Ah ! ça... mais...

ARISTIDE, avec force.

Est-ce que je me déguise en femme, moi ?

LES FEMMES.

Oh !

LE PRINCE, s'avançant, aux femmes.

Laissez-nous. (A Aristide.) Dites donc, monsieur le savant, aurez-vous bientôt fini ?

ARISTIDE.

Ah ! vous m'écouterez jusqu'au bout.

LE PRINCE, le regardant.

Je ne crois pas !

ARISTIDE reculant, à part.

Alors je n'irai pas jusqu'au bout.

LE PRINCE.

Ah ! vous avez une drôle de façon de remercier les gens, vous...

ARISTIDE.

Remercier ?

LE PRINCE.

Aussi, quand on m'y reprendra à rendre service...

ARISTIDE.

Pardon ! Je ne vous avais pas prié d'enlever Coralie pour qu'elle se retrouve dans cet hôtel avec papa... et d'autres femmes... *Ejusdem farinæ...*

LE PRINCE.

Qu'est-ce qu'il me chante là ! Eh ! ils ne se sont pas vus.

ARISTIDE.

Hein ?

LE PRINCE.

C'est le hasard qui a amené votre père ici... J'en ai même été assez ennuyé..., et il s'en retournait sans se douter que Coralie fût là... quand vous êtes entré comme un énergu-mène...

ARISTIDE.

Il se pourrait ?

LE PRINCE.

Il se peut.

ARISTIDE.

Il se pourrait ! Ah ! mesdames. que d'excuses !... Je retire tout, vous savez, je retire tout.

LE PRINCE et LES FEMMES.

Il est bien temps !

ARISTIDE.

Et je cours rejoindre papa, puisqu'il en est ainsi.

LE PRINCE.

Ne le lâchez pas, surtout !

ARISTIDE.

Ah ! Dussé-je l'enfermer... Quant à vous, prince, je continue à vous léguer Coralie.

LE PRINCE.

Oh ! Je me charge de son avenir.

ARISTIDE.

Vous m'avez compris..., merci... Et si une jolie collection de coléoptères peut faire votre bonheur...

LE PRINCE.

Oui... oui... allez...

LES FEMMES.

Allez... allez...

ARISTIDE.

Vous avez raison. Adieu, prince ! Adieu mesdames, je retire tout...

LES FEMMES, le poussant.

Allez... allez... (Il sort.)

ARISTIDE, reparaissant.

Si cependant aux coléoptères, vous préfériez des lépidop-
tères ?

LE PRINCE.

C'est bon, c'est bon, dépêchez-vous.

TOUTES.

Oui, oui, allez, allez. (On le pousse dehors.)

LUCIENNE.

Ah ! mais il est-il toqué, ce garçon-là !

LÉONA.

Il a l'air d'un pion !

CORA.

Et c'est Florestan qui a un fils pareil !

LE PRINCE.

Oh ! n'en dites pas de mal !... c'est à lui que je devrai
peut-être..., car elle est charmante..., vous savez..., cette
Coralie.

GABRIELLE.

Comment, tu songerais...

LE PRINCE.

Comment je songe... mais je crois bien... Allons nous habiller...

TOUTES.

Allons nous habiller. (Il sort avec les femmes par la porte du
fond.)

SCÈNE VI

BODIN, puis CORALIE.

BODIN, entr'ouvrant la porte de gauche **et entrant.**

La porte à droite, m'a-t-on dit... c'est ici... (Il va vers la porte.) Mais que peut-elle bien me vouloir ? (Il frappe à la porte.) Coralie.

CORALIE, sortant de sa chambre.

Lui !... Enfin !

BODIN, recevant la porte sur le nez.

Oh ! là ! là !

CORALIE, renversée.

Monsieur Bodin-Bridet ! (Haut.) Comment, c'est vous!

BODIN.

Oui, c'est moi.

CORALIE, inquiète, à part.

Quelle tuile ! Si Florestan arrivait.

BODIN, à part.

Elle me fait appeler et elle a l'air étonné de me voir.

CORALIE, à part.

Comment a-t-il su que j'étais ici?

BODIN.

Vous voyez, ma chère Coralie, quel empressement j'ai mis à me rendre à votre appel. (Il a tiré la carte de sa poche.)

CORALIE, à part.

Mon mot à Florestan ! C'est donc lui qui l'a reçu !... mais par quel malentendu ?

BODIN.

Maintenant... si vous voulez me dire pour quel motif... dans quel but... vous m'avez fait appeler.

CORALIE.

Dans quel but?... (A part.) Je ne peux pourtant pas lui avouer.. (Haut.) Mon Dieu!... c'est bien simple.

BODIN.

Bien simple?

CORALIE, cherchant.

Vous ne devinez pas?

BODIN.

Du tout.

CORALIE.

Le plaisir de vous revoir... Il y avait si longtemps.

BODIN, à part.

Elle veut renouer!... J'en étais sûr!.. (Haut.) Mon Dieu, ma chère Coralie je comprends certainement... ce désir me flatte... et je suis fort heureux moi aussi, de vous avoir retrouvée. (Il lui prend la main.)

CORALIE, à part, désespérée.

Ce que je craignais... Il veut renouer!

BODIN.

Malheureusement... je suis un peu pressé aujourd'hui.

CORALIE, avec joie.

Vraiment?

BODIN.

Plaît-il?

CORALIE, un peu embarrassée, s'éloignant de Bodin.

Je serais désolée de vous retenir alors.

BODIN.

Tu m'en veux?

CORALIE.

Moi?

BODIN.

Tu m'en veux de t'avoir congédiée un peu brusquement... (Sur un geste de Coralie.) Hélas! il a bien fallu... on commençait à jaser... et quand le recteur m'a fait appeler... pour exiger... de moi... ton renvoi... j'ai dû céder. . Et puis, il y avait ce maudit prix de vertu... que j'avais eu la bêtise de fonder... Le prix Bodin-Bridet... que je me faisais décerner tous les ans pour rentrer dans ma fondation.

CORALIE, à part.

Il ne s'en ira donc pas !

BODIN.

Le malheur, vois-tu, c'est que tu étais trop jolie pour une bonne.

CORALIE, effrayée.

Plus bas donc !

BODIN.

Ma parole.

CORALIE.

Mais pardon...

BODIN.

Quoi?

CORALIE.

Ne m'avez-vous pas dit que vous étiez pressé ?

BODIN.

En effet !

CORALIE.

Eh bien, ne vous gênez pas, vous savez!

BODIN, étonné.

Tu n'avais donc pas autre chose à me dire ?

CORALIE.

Non, je voulais vous revoir... c'est fait, je suis contente.

BODIN.

Ah! alors... je peux m'en aller?

CORALIE.

Mais parfaitement.

BODIN, avec empressement.

Eh bien ! au revoir, alors. Coralie.

CORALIE, se dirigeant vers sa chambre et ouvrant la porte.

Au revoir, monsieur Bodin.

BODIN, revenant.

Ah! une petite recommandation... (Bas.) Ne m'écris plus chez moi.

CORALIE.

Oh! pour ça.

BODIN.

Ou du moins... Quand tu voudras me revoir... comme
aujourd'hui...

CORALIE, à part.

Comme aujourd'hui!

BODIN.

Signe d'un nom d'homme... Cuvier, par exemple, je saurai ce
que ça veut dire.

CORALIE.

Cuvier, bien, j'ai compris!

BODIN.

Là-dessus... je me sauve... car on m'attend à la ferme pour
la signature d'un contrat.

CORALIE.

Vous mariez l'une de vos filles?

BODIN.

Oui, la cadette... ou l'aînée... je ne sais pas encore... avec
le petit de la Boucanière.

CORALIE, vivement.

Florestan ?

BODIN.

Non, pas Florestan, Aristide.

CORALIE, respirant.

Ah !

BODIN.

Florestan est remarié... lui !

CORALIE.

Remarié !

BODIN.

De ce matin !

CORALIE.

Ah ! (Elle tombe en syncope dans les bras de Bodin.)

5

BODIN.

Qu'est-ce qu'elle a ?..... une attaque de nerfs... (On entend du bruit.) Du monde ! sapristi.., que faire ?... Ah! dans sa chambre !... (Il entre dans la chambre de Coralie en la soutenant.).

SCÈNE VII

ANNA, entrant par la porte de droite en grande toilette et allant voir sur la terrasse.

Tiens !.... mon mari n'est plus là. (Elle redescend.) Toujours la surprise, sans doute ! c'est égal, elle me va joliment bien cette robe qu'il m'a fait faire à Paris !... Quelle élégance... quelle traîne, quelle différence avec les robes que je portais à Poperinghe.

RONDEAU

Lorsque j'étais pensionnaire,
Selon la règle, on me faisait
Porter une robe sévère
Qui jusques au col me montait.
C'est vrai qu'elle était courte... et dame
Laissait voir ma jambe en marchant,
Mais, maintenant que je suis femme,
Car je suis femme maintenant.
Maintenant, c'est tout le contraire,
Robe longue et corsage bas,
On voit l'épaule toute entière
Et la jambe, on ne la voit pas,
Les bonnes sœurs du béguinage
Qu'avec zèle nous écoutions,
Nous ont dit que le mariage
Est plein de révélations.
Jusqu'ici, si peu que je sache
Voici toujours ce que je sais,
Ce que je montrais, je le cache
Et je montre ce que je cachais.

SCÈNE VIII

ANNA, Le Prince, Le Sommelier, Les Domestiques,
Servantes, puis CORA, GABRIELLE, LÉONA, LUCIENNE.

VOIX DU PRINCE, sur la terrasse.

Allons !... allons !... dépêchez-vous !

ANNA, à elle-même.

Ah ! voilà le prince.

LE PRINCE, entrant par la porte de la terrasse avec le sommelier ; il est
en habit noir et cravate blanche.

Vous êtes en retard, mon ami, vous êtes en retard...

LE SOMMELIER.

La table est prête, monseigneur.

LE PRINCE.

Dès que ces dames seront descendues, vous servirez.

LE SOMMELIER.

Bien, monseigneur. (La porte du fond s'ouvre, entrent quatre super-
bes domestiques en grande livrée, qui apportent la table.)

LE PRINCE.

Nous souperons ici.... (Apercevant Anna en haut.) Tiens ! Vous
étiez-là...

ANNA.

Mais oui, monsieur le prince, je regardais.

LE PRINCE.

Ah ! je vous fais toutes mes excuses... je ne vous avais pas
aperçue.... mais quelle toilette.... bon Dieu !.... quelle toilette !

ANNA.

Vous me trouvez bien ?

LE PRINCE.

Comment, bien ? (A part.) Elle est adorable ! (Haut.) C'est-à-dire que vous êtes catapultueuse.... tout simplement catapultueuse!...

ANNA, étonnée, à part.

Catapultueuse?

LE PRINCE.

Ça veut dire : superbe, épatante!

ANNA.

Ah! pardon, je l'ignorais. (Regardant autour d'elle.) Mais je n'aperçois pas M. de la Boucanière?

LE PRINCE, étourdiment.

Il est parti!

ANNA, très surprise.

Parti?

LE PRINCE, à part.

Diable!... (Haut.) C'est-à-dire qu'il est allé à la gare chercher une bourriche qu'il avait commandée à Paris... par dépêche.... de langoustes... « Envoyez langoustes. » Vous savez, à la campagne... mais il ne va pas tarder à revenir...

ANNA.

A la bonne heure... Vous m'aviez fait une peur...

LE PRINCE.

Vraiment? (A part.) Ce ne sera pas aussi facile que je l'espérais... elle a l'air de tenir à son Florestan... Bah! après souper...

ANNA, au prince.

Monseigneur.

LE PRINCE.

Madame.

ANNA.

Est-il vrai qu'on va tirer un feu d'artifice?

LE PRINCE.

Oui, là, dans le jardin. (Ils remontent.)

SCÈNE IX

Les Mêmes, BODIN-BRIDET.

BODIN, sortant de la chambre de Coralie, très ému, à lui-même.

Eh bien, me voilà dans une jolie situation. Coralie revient, à elle... j'en veux profiter pour m'en aller... elle me saute au cou et s'écrie : Tu es beau... je t'aime, nous allons souper ensemble ou je casse tout... Si bien que, pour éviter un scandale, me voilà obligé de souper... Et mes invités qui m'attendent... Je leur dirai que je me suis égaré dans la forêt... je mentirai pour la première fois de ma vie. . Garçon ! (Le sommelier s'approche. — Bodin lui parle bas.)

ANNA, venant à lui.

Mais je ne me trompe pas. C'est monsieur Bodin-Bridet... Eh bien, où allez-vous ?

BODIN, se retournant avec épouvante, à part.

Madame de la Boucanière....

ANNA.

Vous ne désertez pas, j'espère... Vous soupez avec nous ?

BODIN, à part.

Comment, elle aussi ? (Haut.) Mon Dieu, chère madame...

ANNA.

Oh ! monsieur de la Boucanière ne vous pardonnerait pas.... Pensez donc, une petite fête improvisée à l'occasion de notre mariage, pour me présenter à des amis qui sont précisément ici.

BODIN, à part.

Sapristi !... Si Coralie... (Haut.) C'est que vraiment.... je me sens un peu indisposé... et puis... mes invités.

ANNA.

Nous irons les rejoindre ensemble, tout à l'heure.... (Appelant.) Prince.

LE PRINCE, rentrant.

Madame... (Il vient vers Anna.)

ANNA.

N'est-ce pas que monsieur Bodin doit rester avec nous?

LE PRINCE, à Anna.

Mais certainement... (A part.) Tiens ! ils se connnaissaient.

ANNA.

Je vous le livre, vous savez... (Elle remonte un peu.)

LE PRINCE, bas à Bodin.

Ah ! ça, vieux farceur ! vous connaissez donc Coralie, vous ?

BODIN, sursautant, à part.

Il sait donc... (Haut.) Mon Dieu !...

LE PRINCE.

Où diable l'avez-vous connue ?

BODIN.

Elle a été ma bonne...

LE PRINCE

Pas possible !... alors elle a monté en grade.... Et elle vous a demandé de souper avec elle ?

BODIN, très étonné.

Oui.... (A part.) Il sait donc tout, ce prince ?...

LE PRINCE.

Dites oui... pour qu'elle n'ait pas de soupçons.

BODIN.

Plaît-il ?

LE PRINCE, remontant.

Ah ! voilà ces dames !... (Bas à Lucienne qui entre suivie des au-tres.) Vous savez ce qui est convenu... Nous sommes censés attendre Florestan.

LUCIENNE.

Oui, oui ! (Ils continuent un instant.)

LE SOMMELIER.

Madame est servie !...

LE PRINCE.

A table, alors...

TOUS.

A table!

BODIN, à part.

Le prince me dit de souper avec Coralie qui est là !,... Madame de la Boucanière exige que je soupe avec elle ici. Et mes invités qui m'attendent à la ferme !... Bon Dieu de bon Dieu !... Quelle situation !... (Le prince présentant le bras à Anna.)

CORA, prenant le bras de Bodin.

Monsieur !...

BODIN.

Voilà, madame.

ANNA, qui a pris le bras du prince.

Mais, monsieur de la Boucanière ?

LE PRINCE.

Il a bien recommandé qu'on se mette à table sans lui...

ANNA.

Sans lui... Oh !...

LE PRINCE.

Une surprise... une surprise qu'il vous ménage ? Du reste, vous voyez, sa place est réservée... (Ils s'asseyent.)

BODIN, à Cora, lui passant un plat.

Un peu de charcuterie, madame.

CORA, refusant.

Merci, monsieur.

BODIN.

Moi, j'en prends... Ça me rappellera Adolphe. (Il s'en sert, puis remet le plat devant lui.)

PREMIER DOMESTIQUE, présentant à Anna.

Carpe du Rhin à la gelée...

LE PRINCE.

Permettez... (Il la sert.)

DEUXIÈME DOMESTIQUE, avec deux bouteilles à la main.

Château-Yquem... Meursault!

ANNA.

Plaît-il ?

DEUXIÈME DOMESTIQUE.

Château-Yquem... Meursault.

ANNA.

Ah! bien... je ne sais pas moi, je n'ai jamais bu de ces vins-
là...

LE PRINCE.

Voulez-vous un conseil? Ne prenez que du champagne.

ANNA.

Ah! oui... c'est une bonne idée... (A part.) Maman n'a
jamais voulu que j'en boive. (Le prince fait signe au troisième domestique qui vient verser du champagne à Anna.)

BODIN, reprenant le plat qui est devant lui et le représentant à Cora.

Un peu de charcuterie, madame !

CORA, refusant.

Merci, monsieur.

ANNA, goûtant le champagne, à part.

Oh ! comme ça picote !

LE PRINCE, l'arrêtant.

Un instant!...(Se relevant.)Je propose de vider notre premier
verre à la santé de la Boucanière.

TOUTES.

Oui, oui.

LE PRINCE.

Et à sa prompte arrivée.

TOUS.

Oui... oui... à la Boucanière !

ANNA, se levant.

Ah! c'est gentil, ça !

BODIN, à Anna.

Madame, permettez-moi de vous associer... (Coup de sonnette.
A part.) Sapristi! c'est Coralie qui sonne ! Je l'avais oubliée. (Il
se lève.)

ANNA.

Qu'y a-t-il ?

BODIN.

Rien... rien... (Nouveau coup de sonnette. A part.)
Elle s'impatiente !... (Haut.) Je vous demanderai la permis-
sion de vous quitter...

ANNA.

Vous quitter ?...

BODIN.

Oh! pour un instant seulement!...

ANNA, au prince.

Il est peut-être souffrant...

LE PRINCE, bas.

C'est bien possible!... (Bodin entre chez Coralie.) Videz donc
votre verre.

ANNA, après avoir bu.

Ça picote... mais c'est bon tout de même ! ...

LE SOMMELIER, apportant un plat sur la table.

Faisan truffé.

ANNA, au prince.

Oh! un faisan!

TOUTES.

Le beau faisan! (Le domestique enlève le faisan pour aller le décou-
per.)

ANNA.

Est-ce vous qui l'avez tué ?

CORA.

Oh ! lui ! Tuer quelque chose ! (On rit.)

LE PRINCE.

Mon Dieu, non!... Cette année je n'ai pas de chance... mon
chien ne va pas !

DEUXIÈME DOMESTIQUE.

Laffitte-Chambertin.

5.

CORA.

Chambertin.

LE PRINCE, à Anna à qui il verse.

Mais vous ne buvez pas...

ANNA.

J'ai peur que ça me fasse mal.

LE PRINCE.

Le champagne... Le vin le plus inoffensif du monde... le vin des dames !

ANNA.

Je veux bien, alors... (Elle boit.)

BODIN, revenant, à part.

J'ai laissé Coralie en tête à tête avec des écrevisses !... Seulement elle m'a fait boire du Pomard... et avec le champagne... brr... J'ai la tête... (Haut.) Je vous demande pardon... (Il se retourne.)

TOUS.

Ah!

ANNA.

M. Bodin-Bridet!...

BODIN, se rasseyant.

Je vous demande pardon...

ANNA, avec sollicitude.

Eh bien... comment ça va-t-il ?... Mon pauvre monsieur Bodin?...

BODIN, étonné.

Mais ça ne va pas mal, madame... je vous remercie... un peu de migraine seulement.

LE PRINCE.

A la santé de M. Bodin-Bridet !

TOUS.

A la santé de M. Bodin-Bridet !

BODIN, saluant.

Mesdames... (Se rasseyant, reprenant le plat et le présentant à Cora.)

Un peu de charcuterie ? (Coup de sonnette, à part, laissant tomber le plat.) Oh ! cette Coralie.. (Il se lève.)

TOUS.

Hein ? (Nouveau coup de sonnette.)

ANNA, se levant inquiète.

Eh bien ?

BODIN.

Je vous demande pardon...

LE PRINCE.

Encore... (Bodin entre chez Coralie.)

ANNA.

Il a la migraine.

LE PRINCE.

Vous croyez ?... Mais vous ne buvez pas ?

ANNA, distraite, prêtant l'oreille.

Si, si...

LE PRINCE.

Qu'avez-vous ?...

ANNA.

Il m'avait semblé entendre des pas... Je croyais que c'était M. de la Boucanière.

LE PRINCE.

Encore !...

ANNA.

Oh ! vous avez beau dire... je commence à être inquiète.

LE PRINCE, riant et la faisant boire.

Inquiète ?... Mais puisque c'est convenu, je vous le répète !... Ah ! ça, vous l'aimez donc bien, la Boucanière ?

ANNA, qui commence à partir.

Quand il me le demandera, lui... je verrai ce que j'aurai à lui répondre.

TOUTES.

Bravo ! bravo !... Bien répliqué...

LE PRINCE, lui baisant la main.

Adorable !...

ANNA, retirant sa main.

Monseigneur !...

LE PRINCE, à part.

J'ai été trop vite !... (Au garçon.) Du champagne !

TOUTES.

Oui, oui, du champagne.

BODIN, rentrant à lui-même, il commence à être gris.

Coralie devient d'un tendre !... Elle ne voulait plus me laisser sortir,... Et elle m'appelait Joseph ! Pourquoi Joseph ?... Je m'appelle Timothée.

LE PRINCE.

Ah ! voilà M. Bodin-Bridet !...

BODIN.

Je vous renouvelle toutes mes excuses... (Il va regagner sa place.)

ANNA, au prince.

Voyez donc... prince. . On dirait qu'il est gris...

LE PRINCE.

Mais non !... Mais non ! Il n'a pris que de la charcuterie!... A Bodin.) N'est-ce pas, monsieur Bodin, que vous n'êtes pas gris ?

TOUTES.

Gris ?

BODIN, à Cora.

Qu'est-ce qu'il dit ? il dit que je suis gris !

ANNA.

Du tout !...

BODIN.

Si !... si !... il a dit que je suis gris !... (Se levant.) Apprenez...

LE PRINCE.

Plait-il ?

CORA.

Voyons!... voyons... monsieur Bodin.

ANNA.

Asseyez-vous.

TOUTES.

Oui... Oui... Asseyez-vous.

BODIN.

Je veux bien m'asseoir !... (Il s'assied. Coups de sonnette.)

ANNA.

A la bonne heure!

BODIN, se levant, au prince.

Mais pourquoi avez-vous dit que j'étais gris ?

ANNA.

Il ne l'a pas dit!... A votre santé ! (Ils boivent.)

BODIN.

A la vôtre !... (On resonne.) Encore! (Criant.) On y va ! (Le sommelier entre chez Coralie.)

LE PRINCE, à Bodin.

A votre santé.

BODIN.

Non! Pas avec vous...

LE PRINCE.

Pas avec moi ?

BODIN.

Vous êtes un mauvais prince.

LE PRINCE, se levant.

Hein ?...

ANNA, se levant aussi.

Prince !

CORA, se levant.

Monsieur Bodin !

BODIN.

Non !... Il a dit que j'étais gris pour m'empêcher d'avoir mon prix de vertu... Il faut qu'il retire le mot... il le faut. (Anna le fait rasseoir.)

LE SOMMELIER, sortant de chez Coralie.

On demande monsieur Cuvier...

BODIN, se levant.

Cuvier !... c'est moi !...

LE PRINCE, à Anna.

Comment ? il se croit ?...

BODIN, en sortant.

Oh ! cette Coralie est insupportable !... (Entrant chez Coralie.)
Qu'est-ce que tu veux ?

SCÈNE X

LES MÊMES, moins BODIN.

LE PRINCE, bougonnant et se levant.

Insupportable !... Mais c'est lui qui est insupportable ; je ne
souffrirai pas...

ANNA.

Voyons... Est-ce que vous allez faire attention...

LE PRINCE.

Vous avez raison ! Vous êtes généreuse... ce serait trop
bête. (On se rassied.) Remplissez les verres...

TOUS.

Oui !... oui !... (Les domestiques remplissent les verres.)

LE PRINCE.

Et chantez-nous quelque chose.

ANNA.

Oui !... oui !... une chanson ! j'adore la musique. (A Cora.)
Allons, madame... à vous...

CORA.

Ah ! moi je ne sais rien.

LUCIENNE.

Ni moi...

ACTE DEUXIÈME

LES AUTRES.

Ni moi, ni moi...

ANNA, avec regret.

Oh !

LE PRINCE, à Anna.

Mais vous-même...

ANNA.

Mon Dieu ! je connais bien une romance...

LE PRINCE.

Eh ! eh ! une romance... quand elle est jolie !

ANNA.

M. de la Boucanière l'a trouvée charmante...

LE PRINCE.

Oh ! alors, je vois ce que c'est... Elle doit être salée ..

ANNA, étonnée.

Salée ?...

LE PRINCE.

Allez-y... la romance... la romance !

ANNA.

Oui, mais si je fais un couac ?...

LE PRINCE.

Ça ne fait rien, ça jette de la gaieté.

TOUS.

La romance, la romance !...

ANNA.

Eh bien ! je commence... (Sans accompagnement.)

ROMANCE.

> Le jeune Alfred aimait avec droiture
> La belle Alix, contraste singulier
> Alfred était professeur d'écriture.
> Alix était la fille d'un banquier.

LE PRINCE, se levant.

Hum ! hum !

ANNA.

Est-ce que ce n'est pas gentil ?...

LE PRINCE.

Si, si... mais vous n'auriez pas quelque chose de plus gai ?...

ANNA.

Ce n'est pas assez gai ?

LE PRINCE, descendant.

Mon Dieu, je m'en rapporte à ces dames.

TOUTES.

Oh ! non... oh ! non...

ANNA, descendant à l'avant-scène.

Attendez donc !... mon parrain qui est major...

LE PRINCE.

Tambour-major !

TOUS, riant.

Ah ! ah ! ah !

ANNA, continuant.

Non, major ! m'a appris une chanson militaire... et si vous voulez ?...

LE PRINCE.

Est-elle gaie ?

ANNA.

Oh ! oui !

LE PRINCE.

Eh bien... va pour la chanson militaire !

TOUTES, à la scène.

Oui !... oui ! la chanson militaire !

ANNA.

Je commence !...

RONDE.

1

Tambours, clairons, musique en tête,
V'là qu'il arriv' le régiment !
Il va chez l'mair' pour s'mettre en quête
De ses billets de logement!

Je n'ai plus rien, soldats fidèles.
        « A moins d'vous loger par faveur
        » Dans un couvent de demoi-elles. »
Dit l'maire qu'était un vieux farceur.
        Va pour le couvent ! En avant,
        Répond l' colonel en partant
        Suivi de tout le régiment.
        Le clairon toujours sonnant,
        Le tambour toujours luttant !

II

        Fermez les port's, cria sur l'heure
        La supérieure en les voyant.
        « Fait's excus', ma supérieure,
        » C'est not' billet de logement ! »
        Des militair's chez des jeun's filles !
        Dit la bonn' femm' d'un air dévot.
        Ça m' frait du tort dans les familles.
        Faudrait plutôt nous prendr' d'assaut !
        Va pour l'assaut ! vite en avant !
        Dit le colonel en s'élançant
        Suivi de tout le régiment !
        Le clairon sonnait tout le temps,
        Le tambour battait aux champs !

III

        Pendant une année tout entière
        Le régiment n'a pas r'paru !
        Au ministère de la guerre
        On le porta comme perdu.
        On r'nonçait à trouver sa trace
        Quand un matin subitement
        On le vit r'paraître à la place
        L' colonel toujours en avant !
        Au pas gymnastique crânement

> Tout's les pensionnair's du couvent
> Marchaient derrièr' le régiment,
> Le clairon était flambant,
> Et le tambour triomphant.

IV

> Pour ne pas affliger les belles.
> L' ministre dans la garnison
> Laissa les p'tit's demoiselles.
> En voici je crois la raison :
> Une centain' d'enfants de troupe
> Survinr'nt un jour comme par hasard,
> Et le brave colonel en croupe
> En portait cinq pour sa seul'part,
> Il obtint mêm' de l'avanc'ment
> Pour avoir doublé si promptement
> L'effectif de son régiment.
> Le système est excellent
> Pour aider au recrutement.

LES FEMMES.

Bravo !... bravo !...

LE PRINCE.

A la bonne heure ! (L'orchestre joue une polka.)

ANNA, surprise.

Qu'est-ce que ça ? de la musique !... nous allons danser.

LE PRINCE.

Sans doute !... Il y a un orchestre dans le parc.

ANNA.

Ah ! quel bonheur ! Une polka ! .. j'adore ça !

LUCIENNE, à Cora.

Une polka !... viens !... (Elle se met à polker avec Cora qu'elle en-
traîne. Les deux autres femmes en font autant.)

CORA, en polkant.

Eh bien ! prince ?...

LE PRINCE.

Ma foi, je me lance. (A Anna.) Voulez-vous accepter ?

ANNA.

Mais je crois bien !... (Le prince et Anna se mettent à polker. Le deux autres couples continuent un instant en scène, puis tout en dansant disparaissent sur la terrasse.)

ANNA, tombant assise.

Ouf !... je n'en puis plus !... j'ai la tête qui tourne.

LE PRINCE, à part.

Et moi donc ?

ANNA, tendant son verre.

A boire !... à boire !...

LE PRINCE, lui servant à boire.

Voilà !...

ANNA, après avoir bu.

Ah ! ça fait du bien ! Brrr ! Allons, bon !... voilà que j'ai froid, à présent.

LE PRINCE.

Attendez !... je vais fermer cette porte. (Il remonte.)

ANNA.

Oui !... je veux bien ! (A elle-même.) C'est bizarre, plus je bois, plus j'ai envie de boire. (Elle se verse et boit. Le prince ferme la porte. On cesse d'entendre la musique.)

SCÈNE XI

LE PRINCE, ANNA.

LE PRINCE, au fond, à part.

Seul avec elle !... Si j'osais...

ANNA.

Ah ça !... quelle heure est-il ?

LE PRINCE, descendant.

Huit heures trente-cinq...

ANNA, se levant gaiement.

Eh bien... vrai !... il ne se presse pas, monsieur de la Boucanière...

LE PRINCE, à part.

Encore ! Ah ! décidément il faut en finir !...

ANNA, chantonnant.

Ta ra ta ta !...

LE PRINCE, à part.

Elle me paraît à point !... Je brûle mes vaisseaux ! (Haut et allant à elle.) Ma belle petite !

ANNA, à part.

Tiens !... il m'appelle comme maman...

LE PRINCE.

Ma belle petite, l'instant des aveux a sonné...

ANNA.

Des aveux ?... Quels aveux ?...

LE PRINCE.

J'ai à vous parler... (Ils s'asseyent.)

ANNA.

Ah !

LE PRINCE.

Mais avant tout... un mot de Florestan !...

ANNA, vivement.

De Florestan !...

LE PRINCE.

Du calme !... Jusqu'à présent, comme vous le savez, ce cher ami avait mené une existence un peu...

ANNA.

Un peu quoi ?

LE PRINCE, avec un geste.

Un peu...

ANNA.

Ah bon !... ah bon ! (A part.) Je m'en doutais !...

LE PRINCE.

Mais le voilà arrivé à un âge où il est temps d'enrayer...

ANNA.

D'enrayer ?...

LE PRINCE.

Il l'a compris... et il vient de prendre une grande résolution...

ANNA.

Oh ! ne faites pas des yeux comme ça !.... Vous m'effrayez !...

LE PRINCE, souriant.

Il vient de prendre une grande résolution...

ANNA.

A la bonne heure !...

LE PRINCE, continuant.

Résolution qui s'explique tout naturellement du reste... sa
famille va s'accroître... naturellement...

ANNA.

Comment cela ?...

LE PRINCE.

Il va lui arriver des petits enfants...

ANNA, un peu embarrassée.

Oh !... monseigneur !...

LE PRINCE.

Eh bien ! quoi ? Il est à supposer, n'est-ce pas, que M. Aristide fera tout ce qu'il faudra pour ça ?...

ANNA, n'y comprenant rien.

Monsieur Aristide. (A part.) Je ne comprends rien du tout.

LE PRINCE.

Dame !... Pour être savant, on n'en est pas moins homme !...

ANNA, à part.

Qu'est-ce qu'il veut dire ?...

LE PRINCE, à part.

Elle va bondir. (Haut.) Enfin... bref.... Florestan a résolu de se ranger, de rompre avec son passé.... de renoncer à.... (A part.) Elle va bondir.

ANNA, qui a continué à boire, se levant.

Eh ! bien... tant mieux !...

LE PRINCE, renversé.

Hein !...

ANNA, à part.

Un peu sourd, le prince !... (Criant.) Je dis : Eh ! bien, tant mieux !

LE PRINCE, se levant.

Ah ! ça... voyons ! vous m'avez bien entendu ?....

ANNA.

Je crois bien !... je ne suis pas sourde, moi !...

LE PRINCE.

Et vous ne chercherez pas à le faire revenir ?...

ANNA.

Mais non !... Est-il drôle !.... Puisqu'il s'agit de son bonheur...

LE PRINCE.

Ah !... Et moi qui m'imaginais que vous alliez bondir...

ANNA.

Bondir ?...

LE PRINCE.

Moi qui mettais trente-six paires de gants pour vous annoncer... mais alors... je peux poser ma candidature... (Il va vers elle.)

ANNA, passant à gauche.

Eh ! bien !... Qu'est-ce qui lui prend ?

LE PRINCE, enflammé.

Ah ! Coralie !... Coralie...

ANNA, riant.

Coralie ?...

LE PRINCE.

Coralie, la vie est belle !... Les femmes sont belles ! l'avenir est beau !... Tout est beau !...

ANNA, *partant d'un éclat de rire et le désignant.*

Ah! non !... Tout n'est pas beau !

LE PRINCE.

Mon Dieu... chacun a son genre de beauté...

ANNA.

Seulement si vous voulez être bien gentil pour moi...

LE PRINCE.

Mais je ne demande que ça !...

ANNA.

Donnez-moi donc un verre de champagne !... Je meurs de soif !....

LE PRINCE, *allant prendre un verre et la bouteille.*

Un verre, deux verres, dix verres, si vous voulez !.... (à part.) Elle est à moi.

ANNA, *après avoir bu une gorgée.*

COUPLETS

I

C'est bon l' champagn'! c'est bon ..!. Je l'aime?
Mais la premièr' fois ça surprend !..
L'habitud' me manqu'... Mais tout d' même
Je pense à ma pauvre maman!...
Ell' qui m'disait : « Pour ta conduite
» Ne bois jamais que d' l'eau, ma petite ! »
Eh bien, vrai !... Si maman m' voyait
Qu'est-ce qu'ell' dirait, mon Dieu! qu'est-ce qu'elle dirait?

LE PRINCE, *à part.*

Comme elle y va !...

ANNA.

Encore !...

LE PRINCE

Oh! non!

ANNA.

Vous craignez qu'un peu d' vin me trouble?...
Oh! j' m' tiens parfait'ment debout!...
J' vous vois très bien!... j' vous vois mêm' double....
Je n' suis pas gris'... pas gris' du tout!...
Ça s'rait du beau pour un' jeun' fille
Elevé dans un' bonn' famille!...
C'est égal!... si maman m' voyait
Qu'est-ce qu'elle dirait, mon Dieu!... qu'est-ce qu'elle dirait

LE PRINCE, très tendre.

Maman!... maman!... Eh! laissons donc la...

ANNA, s'attendrissant.

Ah! pauvre maman!...

LE PRINCE, à part.

Qu'est-ce qu'elle a...

ANNA, se mettant à pleurer.

Elle a tant pleuré ce matin...

LE PRINCE.

Ah! Elle a pleuré?... C'est une femme sensible... alors?

ANNA.

Dame !... quand on a qu'une fille!... (Gaiement.) Du reste, je ne sais pas pourquoi.... mais tout le monde a pleuré aujourd'hui... à la noce...

LE PRINCE.

A la noce!... Quelle noce?

ANNA.

Eh bien, la mienne donc! ma noce!

LE PRINCE.

Sa noce !

ANNA.

Ah ! ça... qu'est-ce que vous avez à me regarder comme ça vous avez l'air de tomber des nues.

LE PRINCE, inquiet.

Que dit-elle?

ANNA.

Vous savez bien que je me suis mariée ce matin, pourtant... puisque c'est en l'honneur de mon mariage.

LE PRINCE, de plus en plus inquiet.

De son mariage!... Quelle est cette plaisanterie?

ANNA.

Oh! ce n'est pas une plaisanterie... à preuve que mon parrain... qui est commandant de gendarmerie à Louvain.... m'a dit comme ça « Na ap.gneïsremanan étés. nit om laëken..... » (Riant.) Ah! ah! ah! qu'il était drôle!

LE PRINCE.

Ah! ça... est-ce que sérieusement? Voyons Coralie!.... voyons... si c'est une plaisanterie?

ANNA.

Coralie!... Encore?

LE PRINCE.

Eh! bien?

ANNA.

Moi, pas Coralie!... moi Anna!...

LE PRINCE.

Anna!

ANNA.

Anna-Christine Dorothée... baronne de la Boucanière!...

LE PRINCE, abasourdi.

Baronne de la Boucanière! Florestan s'est remarié?...

ANNA.

Avec moi... ce matin!...

LE PRINCE.

Ah!

ANNA.

Voulez-vous voir mon petit livret?

LE PRINCE.

Quel livret?

ANNA.

Eh ! bien... celui qu'on m'a donné à l'hôtel-de-ville... après
la cérémonie... tous mes prénoms sont dessus !... je l'ai là dans
ma poche.... (Elle veut le prendre.) Je trouve bien mon livret....
mais je ne trouve plus ma poche !... (Tout à fait grise.) Oh ! tout
tourne !... Une chaise !... Du champagne... de l'air !... ah !
ah ! ah ! que je suis donc drôle !... (Elle tombe assise sur une chaise
devant la table et s'endort à demi.)

LE PRINCE, à lui-même, dans la plus extrême agitation.

Sa femme ! sa femme! Grand Dieu !... Qu'ai-je fait ? j'ai
enlevé sa femme légitime au lieu de sa maîtresse !... Et cette
malheureuse est innocente !... Elle est grise !... Ah ! elle ne
peut pas rester ici un instant de plus !... (Courant à elle et la faisant
lever.) Madame !... madame !... Pour l'amour de Dieu !...

ANNA, se relevant.

Où suis-je ?

LE PRINCE, la soutenant.

Tenez-vous... je vous en supplie, écoutez-moi... Il faut re-
tourner chez vous !...

ANNA.

Je ne suis pas chez moi ?...

LE PRINCE.

Non, vous n'y êtes pas !...

ANNA.

Monsieur de la Boucanière ?...

LE PRINCE.

Nous allons le rejoindre ! Prenez mon bras !...

ANNA.

Je veux aller me coucher !...

LE PRINCE, épouvanté.

Se coucher... Oh ! non... par exemple !...

ANNA, commençant à se dégrafer.

J'ai sommeil !

LE PRINCE.

Elle se déshabille ! voyons, madame...

ANNA.

Non !... où est ma chambre ?

LE PRINCE.

Ecoutez-moi !... m'écoutez-vous ? je suis un monstre...

ANNA.

Oh ! oui, ça !...

LE PRINCE.

Je vous ai trompée... je vous ai prise pour Coralie...

ANNA.

Moi, pour Coralie !... moi Anna... Christine... Doro... je veux aller me coucher ! (Elle trébuche et tombe endormie sur une chaise à gauche de la table.)

SCÈNE XII

Le Prince, ANNA puis FLORESTAN puis CORALIE.

LE PRINCE.

Ah ! mais... c'est à s'arracher le peu de cheveux... (Entendant du bruit et s'arrêtant épouvanté.) Quel est ce bruit ?... On vient !... sapristi !... (Il éteint les candélabres.) Qu'on ne la voit pas !.... (Nuit.)

FLORESTAN, entrant à tâtons par le fond.

Tiens !... mais on n'y voit pas !...

LE PRINCE.

Qui va là ?...

FLORESTAN.

Ah!... c'est vous, prince ?

LE PRINCE, à part, terrifié.

Le mari !...

FLORESTAN.

Vous ne savez pas ce qui m'arrive ?

LE PRINCE.

Non!...

FLORESTAN.

Ma femme est égarée...

LE PRINCE.

Ah! (A part.) Mes jambes se dérobent... (Haut et balbutiant.) Pas possible... pas égarée.

FLORESTAN.

Mais si, mais si! et monsieur Bodin-Bridet aussi... ils sont allés se promener dans la forêt sans doute... si je ne connaissais l'honorabilité de cet estimable homme de science, je croirais qu'il a enlevé ma femme, et mes invités sont là qui s'impatientent... il font une tête... Bref, je viens vous chercher pour m'aider à la retrouver...

LE PRINCE.

Moi?...

FLORESTAN.

Oui vous connaissez le pays.

LE PRINCE.

En effet... en effet... Eh! bien, je suis à vous... à toi... Le temps de prendre mon chapeau...

FLORESTAN.

Mais cette obscurité... attends, j'ai des allumettes.

LE PRINCE, à part.

Grands dieux!... donne! (Il fait tomber les allumettes.) Maladroit Florestan!...

ANNA, chantonnant.

Tra... la la la la...

FLORESTAN.

Hein!...

LE PRINCE, à part.

Patatras!...

FLORESTAN.

Vous n'êtes pas seul?...

LE PRINCE.

Mais si, mais si... allons !... partons...

FLORESTAN.

Ah ! je vous demande pardon d'avoir dérangé un tête à tête.

LE PRINCE.

Du tout !... du tout ! (A part.) Je flageole !...

FLORESTAN.

Eh bien ! Que vous prend-il ?

LE PRINCE.

Rien !...

FLORESTAN, à part.

Il tremble comme une feuille... Ah ! ça... mais que signifie ?

CORALIE, sortant tout doucement de sa chambre, à part.

Monsieur Bodin s'est endormi, je crois... (Elle remonte vers la terrasse. — Fusée.) Tiens !... un feu d'artifice ! (Elle passe sur la terrasse.)

LE PRINCE.

Un feu d'artifice !...

FLORESTAN, apercevant Coralie qui se détache en plein la fenêtre, à voix basse.

Coralie !

LE PRINCE, à part, l'apercevant.

Hein !...

FLORESTAN, partant d'un éclat de rire.

Vous étiez avec Coralie !... Ah ! je comprends.

LE PRINCE, à part.

La vraie Coralie !

FLORESTAN.

Mais mon pauvre ami, il ne fallait pas vous cacher pour ça... Coralie ? Tous mes remerciements, au contraire.

LE PRINCE, à part.

Oh! par exemple!

FLORESTAN.

Et maintenant partons vite!

LE PRINCE.

Oui! oui! (A part.) Je le lâche en route et je viens la déli-
vrer!!! (Il sort derrière Florestan.)

FLORESTAN.

Venez-vous, prince?

LE PRINCE.

En voilà une qui est arrivée à point!

SCÈNE XIII

ANNA puis BODIN.

ANNA, s'éveillant.

Pour sûr... j'a entendu la voix de mon mari! Quel drôle de
mari!... Je l'entends toujours... et je ne le vois jamais! (Fredonnant.) La tête me tourne!...

BODIN, entrant par la porte de gauche premier plan. Il est tout à fait gris.

Coralie, où es-tu! femme adorable?

ANNA, qui trébuche dans Bodin.

Enfin, vous voilà donc, mon mari!

BODIN.

Tiens, tu es charmante!... Veux-tu mes alambics... mes
crocodiles empaillés... mon prix de vertu? Veux-tu le recteur?...

SCÈNE XIV

LES MÊMES, ARISTIDE, ému et agité

ARISTIDE, entrant par la droite, deuxième plan, à part.

Belle-maman a disparu! Je ne sais quels pressentiments!
(Heurtant la table.) Les traces d'une orgie!

BODIN, à part.

Oh! quelqu'un!

ARISTIDE, arrivant entre Bodin et Anna qu'il reçoit dans ses bras, à part.

Une femme?

BODIN, à part.

Sapristi! (Il veut s'esquiver. Aristide le saisit par le pan de son habit.)

ARISTIDE.

Un homme! un pan! un pan d'habit!... Il s'est enfui! (Bodin se sauve en laissant son pan dans les mains d'Aristide.) Mais cette femme, cette femme?

ANNA, fredonnant.

Ta ra ta ta!...

ARISTIDE.

Hein! (A ce moment, le bouquet du feu d'artifice éclate et illumine le théâtre. Reconnaissant sa belle-mère.) La femme à papa!... c'est le bouquet!

(Rideau.)

ACTE TROISIÈME

Un salon chez Bodin-Bridet aux Ormeaux. — Appliques de vitrine avec animaux empaillés. — Squelettes d'animaux antédiluviens, etc., etc. — Portes à droite et gauche au deuxième plan. — Porte premier plan à droite. — Cheminée à gauche. — Deux canapés, table, chaises.

SCÈNE PREMIÈRE

BODIN-BRIDET, puis **ARISTIDE**, puis **ANNA**.

(Au lever du rideau, après un fort coup de sonnette, Bodin-Bridet traverse la scène de gauche à droite pour aller changer d'habit. — On entend un deuxième coup de cloche. — Aristide entre.)

ARISTIDE.

La femme à papa est là, il faut que j'aie avec elle une conversation confidentielle. (Tirant le pan d'habit de dessous sa redingote.) Ma seule pièce à conviction... ce pan!... que le misérable m'a laissé en se sauvant, à qui ce pan... enfin!... (Il va le cacher) et il faut sourire dans un pareil moment! sourire sur un volcan! Il s'agit de savoir maintenant où nous en sommes... ou plutôt, où papa en est... quelle catastrophe, mon Dieu!... Ah! je n'en sortirai donc pas!... (Allant ouvrir la porte de gauche.) Entrez, madame!

ANNA, entrant, elle n'est pas encore remise.

Où suis-je?

ARISTIDE.

Chez monsieur Bodin-Bridet...

ANNA, apercevant les animaux empaillés et reculant.

Oh! qu'est-ce que c'est que ça?

ARISTIDE.

Ne craignez rien... ils sont empaillés!

ANNA.

Empaillés!... tiens! c'est vrai! C'est égal! Ils sont bien vilains tout de même.

ARISTIDE.

Maintenant, asseyez-vous, nous avons à causer...

ANNA.

A causer? c'est curieux comme j'ai la tête lourde!

ARISTIDE.

C'est le temps... il fait un vent d'ouest...

ANNA.

Vous croyez?

ARISTIDE.

Et le vent d'ouest alourdit... (A lui-même.) Malheureuse!... penser qu'un misérable!...

ANNA.

Plaît-il?

ARISTIDE.

Rien!... Rien!...

ANNA, s'apercevant qu'elle a les épaules nues et relevant son fichu d'un mouvement pudique.

Oh! tiens! Mais je suis en toilette de soirée!... comment se fait-il?

ARISTIDE.

Vous ne vous souvenez donc pas?...

ANNA.

Si! si! je me souviens... un souper, des lumières...

ARISTIDE, à part.

Elle y vient d'elle-même. (Haut.) Et puis? Et puis!...

ANNA.

Ah! voilà! je ne me souviens plus...

ARISTIDE, désolé, à part.

Elle ne se souvient plus!... C'est quand on a perdu la mémoire qu'on s'aperçoit de son utilité!... Mais, il le faut cependant... ii le faut!

COUPLET

ARISTIDE.

Souvenez-vous...

ANNA.

Oui, oui, tout devient sombre.

ARISTIDE.

Souvenez-vous...

ANNA.

Un silence complet.

ARISTIDE.

Souvenez-vous...

ANNA.

Sur un fauteuil dans l'ombre.

ARISTIDE.

Souvenez-vous...

ANNA.

Un homme me parlait...

ARISTIDE.

Souvenez-vous...

ANNA.

Il me trouvait charmante.

ARISTIDE.

Souvenez-vous...

ACTE TROISIÈME

ANNA.

Ses bras vers moi tendus...

ARISTIDE.

Souvenez-vous...

ANNA.

Je tombais palpitante (*bis*).

ARISTIDE.

Assez... assez... ne vous souvenez plus (*bis*).

ARISTIDE.

Le doute n'est plus permis!... malheureuse victime!... Allons, ce mariage ne peut pas tenir, je ne puis pas tolérer que mon nom... le nom que va porter une des filles de mon illustre maître... Avant tout, cependant... il importe de savoir quel est le misérable?...

PACCAUD, annonçant.

Le prince de Chypre!

ANNA.

Le prince!...

ARISTIDE, à lui-même.

Lui!... est-ce que ce serait?... Ah! nous allons bien voir... (Haut.) Faites entrer!... (A Anna.) Voulez-vous nous laisser un instant?...

ANNA.

Volontiers!... (Se levant.) Oh! mais que c'est drôle... je suis d'une faiblesse!...

ARISTIDE.

Tenez, prenez mon bras... je vais vous conduire...

ANNA.

Je veux bien!... (Elle sort, il la regarde).

ARISTIDE, à lui-même.

Pauvre victime! pauvre innocente!

SCÈNE II

Le Prince, ARISTIDE.

ARISTIDE.

Vous désirez me parler, monseigneur?

LE PRINCE.

Oui, monsieur !... Je viens de la part de votre père qui est
resté à l'hôtel du Lion-d'Or...

ARISTIDE.

Papa croit sa femme perdue, n'est-ce pas?

LE PRINCE.

Qui vous a dit?

ARISTIDE.

C'est moi qui suis allé la chercher à l'hôtel...

LE PRINCE.

Vous savez donc?..

ARISTIDE.

Tout.

LE PRINCE.

Oh! je vous en supplie, monsieur, que votre père du moins
ne soupçonne jamais...

ARISTIDE.

Il ne s'agit pas de papa en ce moment... Tout bien considéré
papa n'a que ce qu'il mérite... D'ailleurs, le mariage s'est fait
en Belgique et là heureusement...

LE PRINCE.

Heureusement?

ARISTIDE.

Je m'entends... mais cette femme... cette pauvre femme...

LE PRINCE.

Oh! je suis aussi désolé que vous, croyez-le...

ARISTIDE.

Il est bien temps!...

LE PRINCE.

Il est bien temps!... Permettez !... car enfin, c'est votre faute
après tout...

ARISTIDE.

Ma faute?

LE PRINCE.

Eh ! sans doute !... je me suis trompé... soit, mais c'est vous
qui m'avez dit d'enlever...

ARISTIDE.

La femme à papa?

LE PRINCE.

Non, mais sa maîtresse.

ARISTIDE.

Eh bien !... alors...

LE PRINCE.

Eh ! bien ! alors... il fallait me dire d'abord que votre père
était remarié... Comme cela du moins je me serais méfié.

ARISTIDE.

C'est trop fort !... vous ne saviez donc pas...

LE PRINCE.

Eh! non... parbleu ! Et quand je l'ai appris il était trop
tard !...

ARISTIDE, à part.

Trop tard... c'était lui ! (Haut.) Il suffit... prince !... Je sais
maintenant ce qu'il me reste à faire... car ce n'est pas en vain...
J'espère que j'en appellerai à vos sentiments d'honneur...

LE PRINCE.

Hein ?

ARISTIDE.

Après ce qui s'est passé, vous comprenez qu'il faut une réparation...

7

LE PRINCE.

Une réparation ?

ARISTIDE.

Et je ne doute pas que vous soyez prêt à l'accorder... à la personne que vous avez outragée.

LE PRINCE.

Soit !

ARISTIDE.

Merci... (Il va à la porte de droite.)

LE PRINCE, se boutonnant, à lui-même.

Un duel !... Oh ! je ne me défendrai pas !... Je le regretterai... mais je ne me défendrai pas...

ARISTIDE, qui pendant ce temps est allé ouvrir la porte.

Venez, madame !...

SCÈNE III

LES MÊMES, ANNA.

LE PRINCE, étonné, à part.

Elle !... pourquoi faire ?

ANNA, voyant le prince, saluant.

Ah ! prince ! (Voyant que le prince s'incline sans mot dire. A part, vivement.) Tiens !

ARISTIDE.

Madame !... le moment est grave !... Vous n'êtes plus la femme à papa...

LE PRINCE.

Hein !...

ANNA.

Comment... je ne suis plus...

ARISTIDE, désignant le prince,

Voici votre mari.

ANNA, saisie.

Mon mari !...

LE PRINCE.

Moi... son mari...

ARISTIDE.

Jetez-vous dans ses bras!...

LE PRINCE.

Mais...

ARISTIDE, l'arrêtant.

Pas un mot, prince... il est inutile qu'elle sache...

ANNA.

Cependant !...

ARISTIDE.

Pas un mot... (La contemplant.) l'auvre victime... Heureusement vous vous êtes mariée en Belgique, et en Belgique, il y
a le divorce...

ANNA, abasourdie.

Il y a le divorce!...

ARISTIDE, au prince.

Allons, prince! un loyal gentilhomme comme vous...

LE PRINCE.

Permettez... permettez... je ne comprends plus du tout,
moi...

ARISTIDE.

Ne m'aviez-vous pas dit que vous étiez prêt à réparer...

ANNA.

A réparer quoi?

ARISTIDE, à Anna.

Pas un mot.

LE PRINCE.

Réparer, réparer!... mais je n'ai rien à réparer, moi, au
moins vis-à-vis de madame...

ARISTIDE, au prince.

Comment, Prince.

LE PRINCE.

Il y a un malentendu!

ARISTIDE.

Un malentendu?...

LE PRINCE.

Mais certainement !

ARISTIDE, bas au prince.

Alors, ce ne serait pas vous qui?...

LE PRINCE

Comment! Vous avez supposé?...

ANNA.

Quoi donc ?

ARISTIDE, au Prince.

Pas un mot! (A Anna.) Madame !...

ANNA.

Enfin, je vais savoir... sans doute.

ARISTIDE.

Voulez-vous rentrer un instant?

ANNA.

Encore!

ARISTIDE.

Il le faut !

ANNA, à part.

Ah! bien... si je comprends un mot à tout cela.

ARISTIDE, la contemplant — sur les mouvement d'Anna.

Je vous en prie... pauvre victime... pauvre innocente! (Anna sort.)

SCÈNE IV

LE PRINCE, ARISTIDE.

LE PRINCE.

Ah! ça, me direz-vous maintenant?

ARISTIDE, lui présentant la basque qu'il a déchirée de l'habit de Bodin-Bridet à la fin du deuxième acte.

Ce n'est donc pas à vous ceci?

LE PRINCE.

A moi, pas du tout! (Il montre son habit.)

ARISTIDE, très agité.

Ah! ce n'est pas à vous! c'est donc à un autre, alors ?

LE PRINCE.

Apparemment! Mais pourquoi me demandez-vous?

ARISTIDE.

Parce que ce pan, monsieur, appartient à un misérable, qui abusant de l'état... de sommeil dans lequel était plongée la femme à papa.

LE PRINCE.

Il se pourrait?

ARISTIDE.

Vous m'avez compris ?

LE PRINCE.

Trop bien... et vous aviez supposé ?

ARISTIDE.

Sans doute.

LE PRINCE.

Oh! (A part.) Le fait est que si je n'avais pas découvert qu'elle était la femme de Florestan.

ARISTIDE, secouant le pan.

Mais ce misérable! cet autre misérable!

LE PRINCE.

Pardon... il n'y en a qu'un.

ARISTIDE.

C'est vrai.

LE PRINCE

Et nous saurons bien le trouver... allez... Voyons quand j'ai quitté l'hôtel avec votre père il ne restait plus que...

ARISTIDE.

Que... qui?

SCÈNE V

LES MÊMES, BODIN, en redingote.

BODIN, apercevant le prince.

Mon cher Aristide... Oh! le prince !

LE PRINCE.

Lui !

BODIN.

Je vous demande pardon... j'ignorais.

ARISTIDE.

Qu'y a-t-il?

BODIN.

Rien ! Rien ! Je venais vous dire que votre père s'est trompé...
ce sont ses propres papiers que vous avez remis au notaire.

ARISTIDE, distrait.

Ah !

BODIN, à part.

Il est bien froid.

ARISTIDE, à lui-même.

Et aucun autre indice !

BODIN, à part, regardant le prince qui l'examine.

Eh ! bien qu'est-ce qu'il fait donc le prince ?

ARISTIDE, à l'écart, sautant.

Oh! il y a quelque chose dans la poche (En tirant des gants.)
des gants de filoselle ! (Avec amertume.) Des gants de savant ! (Il
jette le pan et revient vers Bodin avec les gants.)

BODIN.

Tiens... mes gants.

ARISTIDE, renversé.

Vos gants?

LE PRINCE.

Hein?

ARISTIDE.

C'est à vous ces gants là.

BODIN, les prenant.

Mais certainement... le pouce est déchiré... tenez.

ARISTIDE.

Mais alors si ces gants sont à vous... (Allant reprendre le pan.) ce pan ci aussi est à vous ?

BODIN, à part.

Aie !

LE PRINCE.

Je m'en doutais.

ARISTIDE.

Mais si ce pan est à vous... c'était donc vous...

BODIN, à part.

Je suis pris.

ENSEMBLE.

Vous !

BODIN, à part.

Après ça... (Haut.) Eh bien, oui... là... c'était moi.

ARISTIDE.

Vous l'avouez !

ARISTIDE et LE PRINCE.

Il l'avoue !

BODIN.

Mon Dieu! une heure de faiblesse... je n'avais pas vu cette pauvre Coralie depuis cinq ans.

LE PRINCE.

Coralie !...

ARISTIDE, à part.

Comment, Coralie? Il a donc cru aussi... (Haut.) Eh! il ne s'agit pas de Coralie, mais de la femme à papa...

BODIN, effaré.

De madame de la Boucanière ?

LE PRINCE.

Mais sans doute !...

BODIN.

Et il ne s'agit pas...

ARISTIDE.

Comment!... il ne s'agit pas... quand c'est avec elle que je vous ai surpris dans l'obscurité et qu'elle est tombée de vos bras dans les miens... lorsque vous vous êtes enfui...

BODIN, ahuri.

Ah! ça, ah! ça!... Qu'est-ce que vous me dites là?...

ARISTIDE.

La vérité.

BODIN, se détournant.

La vérité.

LE PRINCE.

La vérité.

BODIN.

C'était madame de la Boucanière... Ah! je jurerais pourtant...

ARISTIDE.

Il jurerait... il va jurer!

LE PRINCE.

Parbleu!... Vout étiez gris comme une légion de Polonais...

ARISTIDE.

Comme la Pologne tout entière...

BODIN, abasourdi.

Madame de la Boucanière... c'était... (Tout à coup.) Mais alors, votre père?...

ARISTIDE, LE PRINCE, l'un après l'autre.

Oui... oui!...

BODIN, se cachant la tête.

Oh! que c'est grave!

ARISTIDE.

Heureusement! tout peut se réparer... vous êtes veuf... (Il passe.) Ils se sont mariés en Belgique ..

BODIN.

Hein!

ARISTIDE, qui a été à la porte.

Venez, madame...

BODIN.

Madame...

LE PRINCE.

Eh bien, oui... madame...

SCÈNE VI

LES MÊMES, ANNA.

ARISTIDE.

Madame, le moment est grave...

ANNA.

Comme tout à l'heure.

ARISTIDE.

Plus grave... Tout est changé... Vous n'êtes plus la femme du prince.

ANNA.

Ah! tant mieux !

LE PRINCE.

Hein !...

ARISTIDE, désignant Bodin.

Voici votre mari...

ANNA.

Lui!

LE PRINCE.

Le coup est rude!

ARISTIDE.

Jetez-vous dans ses bras...

BODIN, s'avançant les bras ouverts.

Madame.

ANNA, *le repoussant.*

Moi ! Ah ! jamais de la vie, par exemple !

LE PRINCE.

Je comprends ça.

ARISTIDE.

Cependant !

ANNA.

Lui... mon mari !... Ah! ça, est-ce que vous me prenez pour un ton ton ?

ARISTIDE.

Je vous en prie... ma chère enfant !...

ANNA.

C'est trop fort, à la fin !... J'épouse votre père ce matin !... Ce soir à dix heures ce n'est plus lui qui est mon mari. (*Elle désigne le prince.*) C'est monsieur ! et voilà que ce n'est plus monsieur maintenant. (*Montrant Bodin.*) Mais bien monsieur... Et bien, non, je me révolte à la fin.

ARISTIDE.

Voyons, voyons... du calme. Imitez-moi... et écoutez-moi...

LE PRINCE.

Il y a des circonstances...

BODIN.

Pénibles...

LE PRINCE. *regardant Bodin.*

C'est le mot !...

ANNA.

Non, non... une fois non. Je refuse, là... Je refuse... Je refuse, est-ce assez clair !

ARISTIDE.

Mais, madame...

ANNA.

Laissez-moi tranquille... Ah ' je comprends maintenant pour. quoi maman m'a dit ce matin : courage !... Mais on a beau être

courageuse... il y a des limites... Et vous les passez, les limites... aussi je vous le répète : jamais, jamais.

LE PRINCE.

Voyons, madame... calmez-vous...

ANNA.

Laissez-moi tranquille !

ARISTIDE.

Certes... je sais bien que ce que je vous propose n'est pas
bien réjouissant...

BODIN.

Je suis là...

ARISTIDE.

Mais puisque ce mariage est jugé nécessaire !...

ANNA.

Nécessaire à qui ? nécessaire à quoi ? Pas à moi, en tous
cas...

ARISTIDE.

Nous ne nous comprenons pas.

ANNA.

Alors expliquez-vous ?

ARISTIDE.

Je veux dire qu'il s'est passé des choses indépendantes de
votre volonté... mais enfin... qui n'en sont pas moins... des
choses...

ANNA, à chacun des personnages.

Quelles choses ?... (Les trois hommes se détournent.) Ah ! on ne
me répond pas !... Ah ! on me traite encore en petite fille, moi
qui depuis ce matin en suis à mon troisième mari... Eh bien...
qu'on vienne encore me parler de mariage !.. Puisque c'est ça
le mariage... j'en ai assez. Je n'en veux plus... plus jamais !..
et la preuve, voilà ce que j'en fais... tenez, du livret (Elle tire le
livret de sa poche et le déchire en deux.) Du fameux livret... où il y
avait de la place pour inscrire douze enfants. Des enfants tant

qu'on voudra !... mais un mari... (Prenant une résolution.) Jamais...
jamais... je retourne chez mes parents !... (Elle sort.)

ARISTIDE.

Ma belle-maman !

ANNA, rouvrant la porte.

Tenez. (Elle lui lance les morceaux du livret à la figure.)

ARISTIDE, les ramassant et les lisant, à part.

Comment, c'est moi qu'on a marié ! C'est moi qui suis !...
Oh ! oh ! oh ! (Il tombe sur le canapé.)

LE PRINCE, à lui-même.

Ah ça !... que signifie... (Il ramasse le petit livret, le lit et tombe
assis.) Ah ! par exemple !...

BODIN, à part.

Lui aussi... (Même jeu que le prince.) Est-il possible ! (Il tombe
également assis.)

LE PRINCE, en s'en allant.

Ma foi, je vais prévenir le père... c'est égal !... elle est
raide !... (Il sort.)

BODIN, essayant de partir, à part.

Sapristi !... sapristi !... ça devient grave !...

ARISTIDE, comme se réveillant, à Bodin.

Vous, beau-père, restez !...

BODIN.

Ah ! il faut que...

ARISTIDE.

Et fermez les portes! (Il boit un verre d'eau.)

BODIN, fermant les portes.

Voilà !... voilà !... (A part.) Ça devient très grave. (Il boit également.)

SCÈNE VII

BODIN, ARISTIDE.

ARISTIDE, qui s'est promené avec agitation pendant que Bodin a fermé
les portes, venant se planter devant lui.

Eh bien !

BODIN, inquiet.

Eh bien !

ARISTIDE.

Qu'en dites-vous !

BODIN.

Dame ! que voulez-vous que j'en dise ? Il y a des fatalités...
La preuve qu'il y en a, c'est qu'on a été obligé de créer un mot
pour supprimer la chose ! Mais comment une pareille erreur a-
t-elle pu se commettre !

ARISTIDE.

Eh! parbleu! Papa, comme vous le savez, avait fait venir
d'Orléans mes papiers en même temps que les siens, et en
étourneau qu'il est, ce sont les miens qu'il aura envoyés en
Belgique. La preuve, c'est que ce sont les siens qu'il m'a remis et que j'ai donnés au notaire.

BODIN.

Oui... oui... c'est bien cela.

ARISTIDE.

Si bien que c'est à mon nom que l'acte de mariage a été
dressé... et comme l'officier de l'état civil qui a procédé là-bas
est sourd, borgne et aveugle?

BODIN.

Comment! borgne et aveugle?...

ARISTIDE.

Non... je veux dire... enfin... il est l'un des deux au moins !
Ah ! je comprends maintenant pourquoi il m'a fait signer, ce

crétin-là ! C'est en qualité de futur, et papa... c'est en qualité
de père... Toujours est-il que cela y est, quoi !... Il n'y a plus
à revenir là-dessus... c'est moi qui suis le mari de la femme à
papa, et c'est moi que vous avez fait.... avant la lettre...

BODIN.

Aristide ! voyons, voyons! encore une fois, est-il bien certain que c'était elle ?

ARISTIDE.

Encore !

BODIN.

Oh! je n'insiste pas ! puisque vous tenez absolument... Mais
croyez bien mon ami que si j'avais pu me douter... (Il lui prend
la main.)

ARISTIDE, la lui serrant.

J'en suis convaincu, mais c'était écrit là-haut... On ne lutte
pas contre les mystérieux décrets de la Providence !... A
quelle arme allons-nous nous battre?

BODIN, bondissant.

Comment ? à quelle arme ?

ARISTIDE.

Dame ! il me faut une réparation, n'est-ce pas ? et puisque
ma belle-mère... pardon, ma femme refuse de vous épouser..,
ce que je comprends du reste...

BODIN.

Oui, je l'admets.

ARISTIDE.

Mettez-vous à ma place ! Elle est charmante, ma femme, tout
à fait charmante... Ah ! beau-père, pardon, cher maître, votre
gendre... je veux dire votre ex-gendre est bien à plaindre !... (Il
se jette dans les bras de Bodin en pleurant.)

BODIN.

Voyons, voyons, ne pleurez pas !... vous disiez tout à l'heure
que votre père n'était pas à plaindre...

ARISTIDE.

C'est possible ! mais maintenant qu'il s'agit de moi, je me plains ! car enfin... voyez quelle est ma situation ! me voilà le mari de ma belle... c'est-à dire mon propre beau-père... et vous qui deviez l'être, mon beau-père... vous voilà mon... comment appelle-t-on ça ?

BODIN.

Il n'y a pas de mot...

ARISTIDE.

Enfin, il était décidé sans doute que nous devions être alliés par les femmes .... (Changeant de ton.) Allez faire votre testament !...

BODIN.

Mon testament !

ARISTIDE.

On ne sait pas ce qui peut arriver... Je suis peut-être destiné à devenir ex-beau-péricide...

BODIN.

Ah ! permettez !...

ARISTIDE, ému de nouveau.

Mais avant tout, laissez-moi encore une fois contempler cette bonne et loyale figure de savant, et vous remercier de toutes les bontés que vous avez eues pour moi ! Si jamais je deviens quelque chose... si jamais mon nom est inscrit dans le livre d'or de la science, je n'oublierai pas que c'est à vous que je le devrai.

BODIN, ému.

Quel cœur !

ARISTIDE.

Voulez-vous me permettre de serrer une dernière fois le savant dans mes bras ?

BODIN.

Aristide ! (Ils s'embrassent.)

ARISTIDE, changeant de ton.

Et maintenant je puis vous tuer ! (Il remonte.) Ah! un mot
encore... Léguez-moi vos collections ! Je vous laisserai les
miennes.

BODIN.

C'est entendu. (A part.) J'ai bien envie d'aller prévenir le
commissaire de police. (Il sort.)

SCÈNE VIII

ARISTIDE, puis ANNA.

ARISTIDE, allant à la table et s'asseyant.

Ceci est l'expression de ma dernière volonté.

ANNA, ouvrant la porte et entrant.

Il est seul ? oui...

ARISTIDE, se retournant.

Qui est là ?

ANNA.

Moi !

ARISTIDE, bondissant.

Vous !

ANNA.

Dame, n'est-il pas bien naturel qu'une femme vienne assister
son mari.

ARISTIDE.

Hein ! qui vous a dit ?

ANNA.

J'ai tout entendu !

ARISTIDE.

Oh ! les portes... fatales portes ! (Il va s'asseoir à l'écart; Anna
va s'asseoir à côté de lui. Voulant se lever.) Eh ! madame...

ANNA, le retenant.

Je vous fais donc peur ?

ARISTIDE.

Non!... mais...

ANNA.

Alors... pourquoi me fuyez-vous ?

ARISTIDE.

Pourquoi ! Elle me demande pourquoi... Ah ! tenez, ne m'interrogez pas !

ANNA.

Voyons, est-ce qu'on vous a dit du mal de moi ?

ARISTIDE.

Non !

ANNA.

Alors... encore une fois pourquoi me fuyez-vous? Vous ne me répondez pas ? C'est curieux comme on répond peu à Paris! Il me semble cependant que puisque je suis en jeu, j'ai bien le droit de vouloir comprendre quelque chose à tout ce qui se passe.

ARISTIDE.

N'insistez pas, je vous prie ! Qu'il vous suffise de savoir que personne ne vous accuse et n'y a même pas songé.

ANNA.

Enfin c'est toujours ça, et pour le moment je me contenterai de cette déclaration puisqu'on ne m'en fait pas d'autres. (Aristide se lève.) Oh ! je ne suis pas ni entêtée, ni indiscrète. J'ai cependant plusieurs questions à vous adresser.

ARISTIDE.

Ah ! c'est que je vous avouerai que je suis pressé en ce moment...

ANNA.

Oh! bien... je suis bien fâchée, mais votre testament attendra...

ARISTIDE.

Quoi ? vous savez aussi... Oh! les portes... fatales portes!

ANNA.

Puisque j'ai tout entendu ! Et d'abord répondez-moi fran-
chement ! Est-ce à cause de moi que vous vous battez ?

ARISTIDE.

Non ! oh ! du tout ! vous n'êtes pour rien... Une discussion
scientifique.

ANNA.

Oh ! alors nous arrangerons cela ! Je m'en charge, moi, je
m'en charge ! Du moment qu'on ne se bat pas, ni pour sa
mère, ni pour sa sœur, ni pour sa femme. (Geste d'Aristide.) Oh !
je ne vous demande pss votre secret ! ça peut toujours
s'arranger.

ARISTIDE.

Vous croyez !

ANNA.

Puisque je m'en charge... mais j'ai une autre question à
vous adresser... et celle-ci est plus délicate.

ARISTIDE.

Vous m'effrayez...

ANNA.

Non, ne vous effrayez pas, mais promettez-moi de me répondre loyalement.

ARISTIDE.

Je vous le promets...

ANNA.

Une erreur m'a faite votre femme au moment où vous
alliez peut-être épouser. . la femme de votre choix.

ARISTIDE.

Moi !...

ANNA.

L'aimez-vous ?

ARISTIDE.

Qui ?

ANNA.

Celle que vous deviez épouser ! Car, vous savez, plutôt que d'être un obstacle à des projets qui vous seraient chers...

ARISTIDE.

J'avais le choix entre les deux demoiselles de M. Bodin-Bridet, et je n'avais pas encore choisi.

ANNA.

Alors, vous ne l'aimez pas ?

ARISTIDE.

Je n'ai jamais aimé que la science.

ANNA.

Il se pourrait !... Ah ! que je suis heureuse !... Non, vous ne pouvez pas vous figurer à quel point je suis heureuse. Ah ! je vous promets bien que maintenant je ne regrette plus rien, allez ! Je sais bien que ce n'est pas aimable pour votre père, ce que je dis là... mais que voulez-vous ? Il était vraiment trop âgé pour moi, à preuve c'est que toutes mes amies... Je ne vous ennuie pas... en vous racontant tout cela...

ARISTIDE.

Du tout !... du tout !... au contraire...

ANNA.

Ah ! que c'est gentil, ça... Je vous disais donc que mes amies s'étaient moquées de moi quand elles ont su que j'épousais un homme de cinquante ans !

ARISTIDE.

Cinquante-deux...

ANNA.

Cinquante-deux ?

ARISTIDE.

Cinquante-deux ans... papa a cinquante-deux ans...

ANNA.

Vous voyez bien, il m'avait encore caché deux ans ! Mais papa et maman avaient accueilli sa demande ! et alors, naturellement, je n'avais pas voulu les contrarier. Tandis que vous... Quel âge avez-vous ?

ARISTIDE.

Vingt-huit ans... bientôt vingt-neuf...

ANNA.

A la bonne heure... nous nous sommes bien assortis... seulement, pourquoi donc portez-vous des lunettes ?

ARISTIDE.

J'ai la vue fatiguée... Les mathématiques...

ANNA.

Oh ! si ce n'est que ça... Quand vous serez tout seul à lire... passe encore... mais lorsque nous sortirons ensemble... d'ailleurs j'ai des bons yeux, moi ! j'y verrai pour nous deux ! (lui ôtant ses lunettes.) Oh ! comme ça vous va bien, pas de lunettes...

ARISTIDE.

Vous trouvez ?

DUO

ANNA.

A la bonne heure, on vous voit mieux ;
Vos yeux sont aussi beaux que d'autres.

ARISTIDE.

S'ils vous semblent brillants, mes yeux,
C'est qu'ils réfléchissent les vôtres.

ANNA.

Regardez-moi cette cravate,
Une ficelle, un vrai chiffon.
Là d'une main délicate
Un joli nœud sous le menton.
Je vous fais mal ?

ARISTIDE.

Non, sur mon âme !
Mais j'ignorais jusqu'à présent

Combien le contact d'une femme
Peut troubler le cœur d'un savant.

ANNA.

Laissez-moi faire. Eh! là, mon Dieu!
C'est votre bien qu'on se propose;
Si vous vous y prêtez un peu,
On fera de vous quelque chose.
Et ces cheveux rasés de près,
Collés aux tempes, c'est atroce,

ARISTIDE.

C'est l'effet de l'eau que j'y mets,
Un peu d'eau pure et puis je brosse.

ANNA.

Ils sont plats comme une calotte,
Attendez, je vais vous coiffer;
Nous les mettrons en papillottes
    Pour vous les ébouriffer,

ARISTIDE.

Regardez-vous. Je suis splendide,
Le papillon frais et nouveau
Vient de briser sa chrysalide
Quantum mutatus ab illo.

ANNA.

A la bonne heure. Eh! là, mon Dieu,
C'est votre bien qu'on se proprose,
Si vous vous y prêtez un peu,
On fera de vous quelque chose.

ARISTIDE.

Instruisez-moi, je veux apprendre;
Instruisez-moi, jamais vos yeux
N'auront vu disciple plus tendre,
Plus docile et plus studieux.

ENSEMBLE

ARISTIDE.	ANNA.
Instruisez-moi, je veux apprendre	Il veut s'instruire il veut apprendre
Instruisez-moi, jamais vos yeux	Instruisons-le, jamais mes yeux
N'auront un disciple plus tendre,	N'auront vu disciple plus tendre,
Plus docile et plus studieux.	Plus docile et plus studieux.

ANNA.

Là ! regardez-vous maintenant, Et cet habit boutonné, on ne voit pas le gilet... Laissez voir le gilet !

ARISTIDE.

Volontiers !...

ANNA.

Soyez un savant, c'est très bien, mais au moins n'en ayez pas l'air.

ARISTIDE.

Ah ! j'ai donc l'air ?...

ANNA.

Oh ! maintenant plus du tout ! Vous n'êtes pas encore élégant... mais quand vous vous serez fait habiller chez le tailleur de votre père...

ARISTIDE.

Le tailleur de papa... Ah ! il est cher le tailleur de papa.

ANNA.

C'est la seule chose qu'il faut lui prendre !... (Avec câlinerie.) Car j'ai beaucoup réfléchi depuis tout à l'heure... Et je crois avoir deviné bien des choses... Il est un peu jeune, n'est-ce pas, votre père ?

ARISTIDE.

Mon Dieu !...

ANNA.

Après ça, vous étiez bien un peu vieux, vous.

ARISTIDE.

Ah ! mais je ne le suis plus ! je vous le jure !... vous m'avez transformé... Il me semble que pour la première fois de ma vie, je sens couler du sang dans mes veines ! (Se tâtant le pouls.) Oh ! ce pouls ! quelle fièvre ! Et ce cœur (Mettant la main sur son cœur.) il bat ! il bat ! (Avec éclat.) Et ce n'est pas pour la science. (Il l'a prise dans ses bras.)

ANNA, baissant les yeux.

Pour qui est-ce donc ?

ARISTIDE.

Pour qui ? Vous me demandez pour qui ? (Au moment où il va l'embrasser, il se rappelle tout à coup et s'écrie en la repoussant.) Ah ! grand Dieu !

ANNA.

Quoi donc ?

ARISTIDE.

Allez-vous en ! vous dis-je !

ANNA.

Mais mon ami.

ARISTIDE.

J'avais oublié ! Je ne veux plus vous voir ! Je ne veux plus vous entendre ! Je ne veux pas que vous m'approchiez ma cravate ! ma cravate comme elle était, mes cheveux comme ils étaient ! mon habit boutonné ! Et mes lunettes ! où sont-elles mes lunettes ? Je veux mes lunettes.

ANNA, qui les a prises, se sauvant.

Eh bien ! venez les prendre !

ARISTIDE.

Madame ! (Il marche sur elle — Anna se sauve en poussant un cri et va tomber dans les bras de Bodin qui entre précisément à ce moment.)

SCÈNE IX

LES MÊMES, BODIN-BRIDET.

BODIN-BRIDET, recevant Anna dans ses bras.

Hein !

ARISTIDE, se précipitant vers lui.

Encore! Ah! le misérable! (Il l'arrache des bras de Bodin et secoue celui-ci.)

BODIN, entraîné par Aristide à l'avant-scène.

Eh bien!... Eh bien!

ARISTIDE, furieux.

Vite! vite! des épées, des pistolets... de l'acide prussique, n'importe quoi, mais il faut que je vous tue!

ANNA.

Le tuer! (Elle veut se précipiter — on la retient.)

ARISTIDE, le secouant.

Je l'aime! malheureux! Je l'aime!... Comprends-tu maintenant qu'il me faut ta vieille vie?

BODIN.

Mais lâchez-moi donc!

SCÈNE X

LES MÊMES, LE PRINCE.

LE PRINCE, entrant, à part.

Hein! (S'avançant.) Un instant!

TOUS.

Le prince!

LE PRINCE, entre Bodin et Aristide, bas.

C'était bien Coralie!

ARISTIDE et BODIN.

Coralie!

ANNA, s'avançant.

Comment! Coralie!

ARISTIDE, lui offrant son bras.

Madame, voulez-vous...

ANNA, refusant.

Encore!

LE PRINCE.

Je viens de la voir et elle m'a tout avoué.

BODIN.

Ah !

ARISTIDE.

Mais cependant... quand je suis entré.

LE PRINCE.

Il sortait de la chambre du crime où Coralie l'avait laissé seul.

ARISTIDE.

Il se pourrait ?

BODIN.

Ah! j'étais bien sûr.

LE PRINCE

Et où j'ai retrouvé ceci. (Il présente une paire de jarretières.)

BODIN.

Mes jarretières!

ARISTIDE, au comble de la joie.

Ah!...

ANNA, riant.

Comment! vous portez?...

BODIN.

Jamais de la vie.

ARISTIDE, se jetant dans les bras de Bodin.

Vous êtes un ange !...

ANNA, à elle-même.

Si je comprends un mot...

ARISTIDE, courant à Anna.

Ma femme !... ma chère femme !...

ANNA, à Aristide.

Ah ça ! m'expliquerez-vous ?

ARISTIDE.

Pas un mot !... je t'aime !...

ANNA.

Et monsieur de la Boucanière?...

ARISTIDE.

Tiens ! c'est vrai. . papa ?...

LE PRINCE.

Il m'a chargé de vous remettre. (Il lui tend une lettre.)

ARISTIDE, la prenant.

Ah ! (Aux autres.) Vous permettez ? (Lisant.) Mon cher papa..

ANNA, vivement.

Comment ! papa ? Vous avez donc ?...

ARISTIDE.

Eh ! sans doute ! ne suis-je pas le père de papa !... (Continuant.) J'apprends ce qui s'est passé... tant mieux, car décidément j'étais trop jeune pour me marier !

ANNA, à part.

Oh ! oui...

ARISTIDE, continuant.

Quand j'aurai votre âge, nous verrons... En attendant, rendez belle-maman heureuse, et croyez-moi votre fils affectionné... Florestan.

LE PRINCE.

Ah ! le fou !...

ARISTIDE, continuant.

P. S. — J'aurai besoin d'un petit supplément pour la fin du mois... (Parlé.) Ah ! non... pas un sou !,..

ANNA.

Voyons... puisque c'est notre fils... notre unique enfant...

ARISTIDE.

Jusqu'à présent, oui... mais...

ANNA.

Chut !...

BODIN.

Il est donc parti ?...

LE PRINCE.

Oui ! il est retourné à Paris... Une affaire superbe... Il commandite les Bouffes du Nord.

BODIN.

Je lui recommanderai Coralie.

ARISTIDE, à Anna.

Eh bien ! tu vois... c'est moi le père ! Tu devais être tout de même la femme à papa...

ANNA.

Êtes-vous heureux, au moins?...

ARISTIDE.

Hum ! hum !

ANNA.

Comment ?...

COUPLET FINAL

Air *de la ronde militaire.*

ARISTIDE.

Oui, je suis heureux ! Tout ça m'enchante
Et cependant j'ai quelque chos' là...
J'vais vous faire dir' ce qui m' tourmente
Par la femme du fils à papa !...

ANNA.

Je sais ce que c'est, messieurs et dame
Le prince et m'sieu Bodin-Bridet,
Le papa, le fils et la femme
Au fond de leur cœur font un souhait,
Et ce souhait, fort exigeant,
C'est d'obtenir votre agrément
Et de vous r'voir ici souvent !
Ah ! messieurs vous s'rez charmants
Et tous nous s'rons bien contents.

FIN

5110 — Imprimerie de Poissy — S. Lejay et Cie.

EN VENTE A LA MÊME LIBRAIRIE :

Lili, opérette en trois actes, par A. Hennequin et A. Millaud. . . . . 2 »

Le Premier Baiser, opéra-comique en trois actes, paroles de MM. de Najac et Raoul Toché, musique de M. Emile Jonas . . . . 2 »

Fatinitza, opéra-comique en trois actes, paroles de MM. A. Delacour et Victor Wilder, musique de Suppé. 2 »

Mademoiselle Moucheron, opérette en un acte, par MM. Vanloo et Leterrier, musique d'Offenbach. . . . . 1 »

Pâques fleuries, opéra-comique en trois actes et quatre tableaux, par MM. Clairville et Delacour, musique de Lacome . . . . 2 »

Le Petit Abbé, pièce en un acte, mêlée de chant, par MM. H. Bocage et A. Liorat, musique de Grisart. . . . 1 50

La Perruque, comédie en un acte, de MM. Delacour et Raymond Deslandes . . . . 1 »

Nounou, comédie en cinq actes, par Emile de Najac et A. Hennequin . . . . 2 »

Le Loup de Kevergan, drame en cinq actes et six tableaux, par E. Rochard, E. Hubert et Ch. de Trogoff. . . . . » 50

Les Provinciales à Paris, comédie en quatre actes, par MM. Emile de Najac et Pol Moreau. . . . . 2 »

Petite Correspondance, comédie en trois actes, par MM. Emile de Najac et Alfred Hennequin. . . . . . . 2 »

Les Dominos roses, comédie en trois actes, par MM. Delacour et Alfred Hennequin. . . . . 2 »

Niniche, vaudeville en trois actes, par MM. Alfred Hennequin et Albert Millaud . . . . 2 »

Le Mari d'Ida, comédie en trois actes, par MM. Delacour et Mancel. . . . . 2 »

Bébé, comédie en trois actes, par MM. Emile de Najac et Alfred Hennequin. 2 »

Les Echéances d'Angele, comédie en un acte, par MM. Rimbaud et Delacour. . . . . 1 »

Coco, comédie-vaudeville en cinq actes, par MM. Clairville, Grangé et Delacour. . . . . 2 »

Le Renard bleu, comédie en un acte, par M. A. Hennequin. 1 50

Le Chant du Coq, comédie en un acte, par M. E. de Najac. 1 »

Babiole, opérette en trois actes, par MM. Clairville et Gastineau, musique de Laurent de Rillé. . . . . 2 »

La Tzigane, opéra-comique en trois actes et quatre tableaux, paroles de MM. A. Delacour et V. Wilder, musique de Johan Strauss . . . . 2 »

Le Phoque, comédie en trois actes, par MM. Delacour et Hennequin. . . . . 2 »

La Poudre d'escampette, folie-vaudeville en trois actes, par MM. Bocage et Hennequin. . . . . 2 »

Poste Restante, comédie en trois actes, par MM. Delacour et Alfred Hennequin . . . . 2 »

L'Invité, scène de la vie de chasseur en un acte, par M. Ernest Blum 1 50

Un Drame sous la Régence, drame en cinq actes et six tableaux, par A. Belle . . . . » 50

Mes Beaux-Pères, comédie en un acte, par MM. Emile et Raoul de Najac. . . . . 1 »

Le Sapeur de Suzon, vaudeville en un acte, par MM. E. Grangé et A. Delacour . . . . 1 »

Le Cardinal Dubois, drame en cinq actes et six tableaux, par M. Alfred Belle. » 60

La Police noire, drame en cinq actes et six tableaux, par M. A. Delacour. 1 50

Turenne, drame en cinq actes et neuf tableaux, par MM. Marc Fournier, A. Delacour et J. Lermina . . . . . » 60

L'Etoile, opéra-bouffe en trois actes, par A. Vanloo et Leterrier, musique de Charrier. . . . . 2 »

www.ingramcontent.com/pod-product-compliance
Lightning Source LLC
LaVergne TN
LVHW012317170726
843503LV00002B/691